KB153451

숲과
상상력

숲과
상상력

나 무 인 문 학 자 의 숲 산 책

강 판 권 지 음

문학동네

3부 사람과 숲

숲을 만나러 가는 길

숲은 나무와 나무의 만남이다. 나무의 만남은 둘(林)일 수도, 셋(森)일 수도 있다. 숲이 아름다운 이유는 경쟁 속 상생이라는 원칙을 철저하게 지키기 때문이다. 숲속 나무들은 각자 살아남고자 치열하게 햇볕을 노린다. 나무는 잎으로 광합성을 해야만 존재할 수 있기 때문이다. 그러나 나무는 옆의 나무와 '햇볕 전쟁'을 하면서도 넘어야 할 선을 넘지 않는 지혜로운 존재다. 나무는 넘지 말아야 할 선을 넘는 순간 함께 죽는다는 것을 잘 안다. 나무가 넘지 말아야 할 선은 곧 '사이(間)'다. 나무는 사이가 좋아야 숲을 만들 수 있다. 나무들은 서로 협력해서 틈을 만들어 햇살을 숲으로 끌어들인다.

인간도 '사이의 만남'으로 숲을 찾아가야 나무와 상생할 수 있다.

그러나 인간과 나무의 상생은 나무와 나무 간의 상생과 좀 다르다. 나무와 나무 간의 상생은 서로 동등한 위치에서 이뤄지지만, 인간과 나무의 상생은 반드시 동등한 위치에서 이뤄지지 않는다. 나무는 인간 없이도 살 수 있지만 인간은 나무 없이는 한순간도 생존할 수 없기 때문이다. 인간과 나무의 이 같은 관계는 인간이 나무를 어떻게 만나야 하는지를 알려준다. 그러나 지금까지 인간은 나무를 인간보다 낮은 존재로 파악하고, 심지어 함부로 취급해왔다. 나무에 대한 인간의 오만한 태도는 찬란한 문명을 낳는 듯했지만, 지구상에 존재하다 사라진 문명은 숲을 제거하는 순간부터 몰락의 길을 걸었다. 숲에 대한 인간의 인식이 문명의 흥망성쇠를 결정했다고 해도 과언이 아니다.

나는 그동안 나무와 숲을 만나며 많은 시간을 보냈다. 나에게 가장 행복한 시간이었다. 나무와 숲은 지금의 나를 만들었다. 숲보다 중요한 것은 한 그루의 나무다. 한 그루의 나무 없이는 숲이 존재할 수 없기 때문이다. 많은 사람이 "나무를 보지 말고 숲을 보라"고 충고하지만, 나는 오히려 "숲만 보지 말고 나무를 제대로 보라"고 주장하고 싶다. 내가 한 그루의 나무에 큰 관심을 갖는 이유는 나무에 대한 인간의 태도를 강조하고 싶기 때문이다. 그동안 나무를 대하는 인간의 태도는 매우 비생태적이었다. 이 같은 태도는 나무를 생명체로 보지 않았다는 뜻이다. 나는 시각을 바꾸어 나무를 생명체로 바라보기 시작하는 것을 '생태적 인식 전환'이라 부른다. 생태적 인식 전환은 인간 존재론에 대한 성찰에서 출발한다. 인간人間은 자연생태의 공간空間에서 시간時間의 삶을 살아가는 존재다. 인간은 공간 밖에서는 결코 존재할 수 없다. 이 같은 엄연한 사실을 인정하는 순간, 한 그루의 나무는 그 자체로 인간 존재의 필요조건이다. 따라서 나무를 만나는 시간은 인간 존재의 이유를 확인하는 과정이자 인간의 미래를 깨닫는 시간이다.

인간이 나무와 숲을 찾아가는 과정은 이 세상에서 가장 아름다운 여행이다. 나무와 소통하면 천지를 알 수 있다. 나무는 땅에 뿌리를 박고 하늘의 기운을 받으면서 살아가기 때문이다. 나무에 대한 이러한 인식이 바로 나무에 대한 인문학적 이해다. 나무와 숲을 인문학적으로 이해하려면 상상력이 필요하다. 상상력은 실존하는 대상을 통해서 나온다. 그 대상은 다름 아닌 나무다. 상상想像의 '상'이란 글자를 보면 나무가 상상의 원천이라는 것을 짐작할 수 있다. '상'은 '상相'과 '심心'이 만난 것인데, '상相'은 '목木'과 '목目'의 결합이다. '상相'은 눈으로 나무를 본다는 뜻이다. 상상은 눈으로 본 나무를 마음으로 생각하는 것이다. 나무는 상상의 원천이고, 상상은 나무를 통해 더욱 왕성하게 이뤄진다.

나는 상상의 나래를 펼치기 위해 전국의 숲을 찾아 길을 나섰다. 숲을 찾아 나서는 길은 곧 꿈을 찾아가는 여행과 같다. 전국에는 소문난 숲이 아주 많다. 어느 숲이든 사연이 있고, 사연을 듣다보면 또다른 사연을 만난다. 그래서 숲은 '이야기의 문화 창고'다. 아쉽게도 전국의 숲을 모두 만날 수 없어서 부득이 선택할 수밖에 없었지만, 가능하면 전국의 숲 중에서도 뜻깊은 곳을 선택하려고 노력했다. 다만 숲의 의미는 사람마다 다르게 생각할 수 있기에 내 선택이 숲을 평가하는 기준이 될 수는 없다. 전국의 숲을 만나는 과정은 결코 쉽지 않았다. 숲도 시기에 따라 느낌이 달라서 계절에 맞춰 다니는 것 자체가 간단하지 않았기 때문이다. 그러나 전국의 숲을 찾아가는 과정이 아무리 힘들지라도 고통은 도착하는 순간 사라진다. 숲은 아무리 지친 사람일지라도 금방 기운을 차리게 하는 마법을 발휘한다. 더욱이 이번에는 혼자 숲을 찾아간 것이 아니라 때론 사진기자와 함께 떠났기에 한층 즐거운 시간을 보낼 수 있었다.

책은 전국의 숲을 3부에 걸쳐 소개했다. 1부는 '사찰과 숲'이다. 사찰과 숲에서 가장 먼저 생각한 것은 마음이었다. 인간의 삶에는 마음의 작용이 중요하다. 그래서 많은 사람들이 마음공부를 통해 깨달음에 도달했다. 나에게 숲은 마음공부의 대상이다. 내가 가장 힘들던 때 나를 일으켜세운 것도 바로 나무였다. 물론 모든 숲이 마음공부의 스승이지만 전국의 숲 중에서도 마음을 중시하는 불교와 관련한 숲을 선정했다. 2부는 '역사와 숲'이다. 숲은 인류와 신화 혹은 설화가 탄생한 곳이다. 예컨대 계림은 신라 김알지가 태어난 곳이다. 세계문화유산으로 지정된 곳은 인문생태와 더불어 자연생태도 매우 귀중하다. 3부는 '사람과 숲'이다. 전국에는 한 그루의 나무가 천연기념물로 지정된 곳도 있고, 숲이 천연기념물로 지정된 곳도 있다. 천연기념물

숲은 위대한 우리 문화유산이다. 문화유산 숲은 대부분 사람의 힘으로 만든 것이다. 나는 이런 숲에서 희망을 찾고 싶었다.

숲은 인간의 목숨을 결정한다. 그러나 한국의 숲은 현재 몸살을 앓고 있다. 많은 사람이 동시에 찾기 때문이다. 이제라도 인간은 숲이 숨을 쉴 수 있도록 적당한 틈을 두고 숲을 찾아야 한다. 그래서 이책은 단순히 전국의 유명한 숲을 소개하는 데만 목적이 있지 않다. 나는 이 책을 통해 오히려 숲을 만나는 인간의 태도를 강조하고 싶다. 이 책이 완성되기까지 6년이란 세월이 걸렸다. 그동안 전국의 숲을 찾아가는 데 많은 시간이 걸리기도 했지만 이런저런 일로 집필에만 온전히 집중하기가 어렵기도 했다. 그러나 문학동네 편집부는 오히려 불안할 만큼 원고를 독촉하지 않고 큰 나무를 기다리듯 나의 글을 기다려주었다. 긴 기다림 끝에 내놓는 책은 아쉬움으로 가득하다. 다만 세상 사람들이 이 책을 통해 숲과 진정으로 소통하길 기대할 뿐이다.

2018년 11월
소나무 향기가 나는 연구실에서
쥐똥나무 강판권

1부

사찰과 숲

幸

같은 나무, 다른 느낌의 숲

크리스마스트리 설화　　　나는 소나뭇과의 전나무를 생각하
면 마음이 시리다. 전나무는 유럽
에서 크리스마스트리로 잘 알려져 있지만, 나는 젊은 시절까지 한 번
도 크리스마스트리를 보지 못했다. 더욱이 고향에서는 한 번도 전나
무를 보지 못했다. 내가 전나무를 처음 만난 때는 나무를 공부하면서
부터였다. 내가 다닌 대학교에도 전나무가 살고 있는데 이 나무 앞에
서 학생들에게 크리스마스트리에 얽힌 다음과 같은 이야기를 들려주
곤 한다.

　　옛날 유럽의 한 숲속에 나무꾼과 딸이 살고 있었다. 소녀는 숲

을 몹시 사랑해 항상 숲속에 가서 나무 요정들과 함께 시간을 보냈고, 날씨가 추워서 나갈 수 없는 날엔 나무 요정들을 위해 전나무에 작은 촛불을 켜놓았다. 성탄절 전날 아버지는 딸에게 근사한 선물을 주기 위해 숲속 깊은 곳으로 나무를 하러 들어갔다가 길을 잃고 말았다. 그런데 영문을 알 수 없는 불빛이 보여 따라가다보니 집까지 무사히 돌아오게 됐다. 숲속 나무 요정들이 소녀의 아버지가 길을 잘 찾을 수 있도록 불빛으로 인도한 것이다. 그때부터 유럽에서는 귀한 손님이 오실 때 집 앞 전나무에 촛불을 켜두는 풍속이 생겼다.

크리스마스트리에 얽힌 설화는 소녀와 나무 요정의 아름다운 우정 이야기이지만, 소녀의 아버지인 나무꾼의 삶을 생각하면 그의 고단한 일상이 눈에 선하다. 나무꾼은 추운 겨울에 나무를 하지 않고서는 살아갈 수 없는 처지이기 때문이다.

나무꾼은 왜 길을 잃어버렸을까. 나무꾼에게 필요한 나무는 전나무가 아니었던 모양이다. 전나무는 추운 곳에서도 아주 잘 자라서, 북유럽에서 흔히 볼 수 있다. 북유럽 사람들이 전나무를 크리스마스트리로 삼은 이유는 그만큼 일상에서 쉽게 전나무를 만날 수 있기 때문이다. 만약 전나무가 필요했다면 나무꾼은 집과 가까운 곳에서 전나무를 찾으면 됐을 테다. 또한 나무꾼이 어두워서 길을 잃어버릴 정도였다면 그는 산길로 적어도 왕복 10킬로미터 이상을 가야 했을 것이다. 고등학교 때까지 나도 지게를 진 채 산길을 따라 나무하러 다니곤 했다. 산길을 왕복 8킬로미터쯤 걸어 땔감을 구하고 집으로 되돌아오려면 오전 9시에는 출발해야 했다. 그러면 오후 3시쯤 집에 도착할 수 있었다. 산에 나무가 거의 없던 시절인지라 사람의 발길이 잘 닿지 않는 먼 곳까지 가지 않으면 땔감을 구할 수 없었다. 땔감을 마련하러 가기 전날에는 사랑방에서 다음날 사용할 새끼를 꼬았다. 초가삼간 호롱불 밑에서 아버지와 아들이 함께 새끼를 꼬는 시간은 아주 단조롭고 고단했지만, 그렇게 하지 않으면 먹고살아갈 수 없는 척박한 시절이 있었다. 그래서 고등학교 때까지 겨울방학 동안 땔감을 마련하면서 시간을 보낸 나에게, 크리스마스트리 설화는 흥미롭기보다는 애잔하게 다가온다.

새벽에 만난 월정사 전나무숲

나는 게으른 탓에 새벽에 길을 나서는 경우가 아주 드물다. 그러나 강원도 월정사 전나무숲을 보려고 새벽에 일찌감치 길을 나섰다. 사실 월정사 근처에서 숙박한 덕분에 새벽에 일어나 카메라를 들고 길을 나설 수 있었다. 그런데 여관 문을 나서자마자 깜짝 놀랐다. 밤새 눈이 내려 새벽인데도 밖이 대낮처럼 밝았다. 아, 이 무슨 부처님의 공덕인가! 사찰 근처에 머물지 않았다면 눈 덮인 전나무숲을 어떻게 볼 수 있었겠는가. 눈이 많이 내리면 차가 다니지 못해 이곳에 도착할 방법이 없기 때문이다. 조심조심 발길을 전나무숲으로 옮기자 뽀득뽀득 눈 밟는 소리가 경쾌했다. 아무도 없는 새벽에 혼자서 숲으로 들어가기가 무서웠지만, 이 절호의 기회를 놓칠 수 없기에 마음을 다잡으면서 앞으로 걸어갔다. 다행히 월정사의 불빛이 전나무숲을 조금이나마 밝혀주고 있었다. 나는 천천히 호흡을 가다듬었다. 눈 내린 새벽에 월정사 전나무숲을 만나는 경험은 지금 이 순간이 마지막일지도 모른다는 생각에 경건한 마음이 절로 일어났다.

숲으로 들어가기 전 월정사 일주문에 다다라 그 위를 바라보면 '월정대가람月精大伽藍'이라고 적힌 날렵한 글씨가 보인다. 일주문 오른 편에는 전나무가 살고 있고 왼편에는 갈잎나무가 서 있다. 전나무 위에는 눈이 많이 쌓이지 않았지만 하얀 눈옷을 입은 갈잎나무는 한 송이 꽃 같았다. 전나무숲길은 일주문에서 30미터를 걸어가야 나오는데 새벽녘 숲길에 들면 혹여 자고 있는 나무들을 깨워 불편하게 만드는 건 아닌지 마음에 걸렸다. 이 순간엔 그저 나무에게 양해를 구할 뿐이었다.

숲길은 전나무처럼 곧기만 하지 않다. 숲길은 짧은데 굽어서 원만했고, 눈은 가볍고 희어서 청정했다. 늘 푸른 전나무 줄기에는 눈이 많이 쌓이지 않았다. 전나무는 차가운 눈을 가슴으로 품어서 잎을 더욱 푸르게 만드는 걸까. 어쩌면 이것이 바로 차가운 얼음을 먹듯 정신이 늘 깨어 있어야 한다는 '음빙飮氷'의 정신이리라. 『장자』에 나오

눈 내린 월정사 전나무숲길

는 음빙은 한순간도 방심하지 않고 자신을 경계한다는 의미를 지닌다. 나는 눈 내린 숲에서도 푸르름을 잃지 않는 전나무를 보면서 인간이 평생 어떤 자세로 살아가야 할지를 생각한다. 전나무가 늘 푸른 모습으로 곧게 자라는 것도 찬 얼음물을 머금고 정신을 맑게 하면서 살아가기 때문일 것이다.

숲길 곳곳에서는 쓰러진 전나무가 발길을 멈추게 했다. 키가 아주 큰 나무가 누워 있는 모습을 보니 나무가 쓰러질 때의 굉음이 들리는 듯했다. 한 그루의 전나무가 쓰러지는 순간 옆에 있는 전나무들은 눈물을 참으며 안타까운 심정으로 쓰러진 형제를 바라볼 수밖에 없었을 것이다. 그 어떤 나무도 쓰러진 나무를 일으켜세울 수 없다. 나무들은 친구들이 쓰러지는 모습을 보면서 자신은 쓰러지지 않기 위해 경계하고 또 경계한다. 그러나 누구나 한 번은 쓰러져야 한다. 쓰러지지 않고는 다시 일어설 수 없는 법이다. 나무는 쓰러지면 비록 스스로 일어날 수는 없지만, 쓰러진 몸에 새 생명을 잉태한다. 나무는 자신을 닮은 또다른 나무를 잉태할 때도 있지만, 다른 생명체에게 몸을 내주기도 한다. 그래서 나무의 죽음은 곧 새 생명의 탄생이다.

숲길을 계속 따라가다가 전나무 신이 있는 성황각城隍閣을 만났다. 이곳에 성황각이 있다는 것은 그만큼 여기가 중요한 장소라는 뜻이다. '성황'은 한자로 풀이하면 국방상의 요지에 쌓은 성과 성밖을 둘러 판 못인 해자를 갖춘 곳이다. 이러한 곳을 지키는 신이 바로 성황신이며, 이곳 성황각은 전나무 신을 모시는 집이다. 전나무는 이곳

쓰러진 전나무 누구나 한 번은 쓰러져야 한다. 쓰러지지 않고는 다시 일어설 수 없는 법이다.

모든 나무의 지킴이이고, 이곳 모든 사람의 수호신이다. 성황각 옆
바위에는 무수히 많은 사람의 염원이 담긴 돌들이 쌓여 있다. 사람마
다 비는 내용이 제각각이겠지만 전나무숲 성황각에서는 나무를 위한
소원을 빌지 않을 수 없다.

성황각과 돌탑 이곳 성황각은 전나무 신을 모시는 집이다. 성황각 옆 바위에는 무수히 많은 사람의 염원이 담긴 돌들이 쌓여 있다.

하늘로 뻗은 내소사 전나무숲

전라북도 부안군 내소사來蘇寺의 전나무는 월정사의 전나무와는 다른 공간에서 살아간다. 월정사의 전나무가 산자락에서 자라는 반면 내소사의 전나무는 평지에서 자란다. 서로 다른 공간에 있는 전나무가 숲을 이루는 느낌도 다르다. 월정사의 전나무가 계곡과 더불어 살아간다면 내소사의 전나무는 물의 기운보다 하늘의 기운을 더 많이 받는 듯하다.

내소사 전나무숲길은 전나무처럼 곧다. 그러나 길이 곧다고 해서 꼭 직선으로 걸어갈 필요는 없다. 곧은길을 나무의 나이테 그리듯 둥글게 걸어가면 숲길을 걷는 즐거움을 온전히 느낄 수 있다. 그렇게 걷는 방법 중 하나는 나무를 올려다보면서 걷는 것이다. 이 길을 걷는 사람들은 대부분 앞만 바라본다. 앞만 바라보면서 걸으면 사찰 앞에 금방 도착한다. 하지만 그런 사람은 이곳 숲을 걷는 즐거움을 절반밖에 누리지 못한다. 나무 사이로 파란 하늘을 바라보는 즐거움인 내소來蘇, 즉 이곳으로 와서 다시 태어나는 기분을 느끼지 못하기 때문이다.

내소사의 곧은 숲길을 둥글게 걷는 또하나의 방법은 전나무 그림자를 밟으면서 걷는 것이다. 내소사 전나무숲은 빽빽해서 햇살이 나무 사이로 겨우 비집고 들어온다. 그래서 흙길은 온통 전나무 그림자로 덮여 있다. 어린 시절에 그랬던 것처럼 햇살이 비친 길을 요리조리 피해 그림자만 밟으면서 갔다. 아래를 보니 나무가 땅에 떨어뜨

린 잎들이 그림자 아래 깔려 있었다. 떨어진 나뭇잎은 오랜 세월에 걸쳐 융단처럼 푹신푹신한 땅을 만든다.

숲길을 걸으면서 앞에 가는 사람들을 바라보니 인간이 더욱 작아 보였다. 숲길 입구에서 저멀리 떨어진 곳에 서 있는 사람은 마치 하나의 점 같다. 그만큼 이곳 전나무는 키가 크다. 인간도, 지구도 우주에서 보면 하나의 점에 불과하다. 이처럼 인간은 어떤 위치에서 어떤 시각을 갖느냐에 따라 자신의 위치가 달라진다는 사실을 알아야 행복한 존재로 살아갈 수 있다. 이곳 전나무숲도 시간이 지남에 따라 나무 그림자의 위치가 달라진다. 특히 숲길 입구에서 사찰로 들어갈 때와 사찰에서 숲길 입구로 나올 때의 나무 모습이 아주 다르다. 그래서 내소사 전나무숲의 진면목은 오랜 시간 숲에 머물러야만 볼 수 있다.

전나무숲길이 끝나면 지금까지와는 전혀 다른 장면이 펼쳐진다. 숲이 끝나자마자 장미과의 벚나무가 늘어서 있다. 봄철에 이곳에 온다면 벚꽃에 파묻혀 지낼 것이고, 가을에 이곳을 찾는다면 벚나무 단풍에 취해 쓰러질 것이다. 여름에 이곳을 방문한다면 벚나무 아래에서 더위를 식힐 것이고, 겨울에 이곳을 사뿐사뿐 걸어간다면 벚나무 사이로 하얗게 드러난 능가산 봉우리 아래로 내소사가 안긴 모습을 볼 것이다. 내소사 벚나무는 아직 나이가 어려도 손님을 맞는 데는 손색이 없다.

벚나무 가로수가 끝나는 지점에서 만나는 내소사 천왕문은 다른

내소사 벚나무 가로수

사찰의 천왕문보다 규모가 크다. 천왕문으로 들어가면 격조 있는 돌계단이 나오는데, 계단 위 왼쪽에는 능가산의 위풍당당한 모습을 빼닮은 느티나무가 우뚝 서 있다. 이곳 느티나무는 부안군의 군목郡木이다. 또 바로 옆에는 느티나무에 뒤질세라 하늘 높은 줄 모르고 위로 솟은 전나무 한 그루가 늠름한 기세를 자랑한다. 내소사를 둘러보고 다시 전나무숲을 걸어서 나오니 나무의 곧은 기운으로 가슴이 벅찼다.

속세와 속리 사이

인간은 자신이 살고 있는 곳을 속세라 부른다. 속세는 평범한 곳이고 고상하지 못한 곳이다. 그러나 인간은 속세에 살면서 끊임없이 고상한 어떤 곳을 찾아 나선다. 이같이 속세에서 벗어나는 것을 속리俗離라 하므로, 속리산으로 가는 길은 속세를 떠나는 여정인 셈이다. 그러나 속세와 속리는 애초부터 불가분의 관계에 있다. 속리산으로 간다고 해서 속세와 이별하는 것도 아니고, 속리산으로 가지 않는다고 해서 꼭 속세에 사는 것도 아니다. 떠나다는 뜻의 '리離'에는 '만나다'는 뜻도 있기 때문이다. 어쩌면 속리산도 속세에서 떠난다는 것이 아니라 속세에 산다는 의미로 붙여진 이름일지도 모른다. 왜냐하면 속세에 살지 않고서는 속세를 떠날 수 없기 때문이다.

법주사 가는 길

조선시대에 속리산을 찾은 사람 중에서는 세조를 빼놓을 수 없다. 1464년 세조는 사람이 끄는 가마를 타고 속리산 법주사로 향했다. 법주사 입구에는 소나무가 가지를 땅에 드리우고 있었다. 그런데 세조가 탄 가마가 그 앞에 도착하자 소나무는 스스로 가지를 들어올려 가마가 무사히 지나가도록 했다. 세조는 이 모습을 보고 아주 기특하게 여겨 소나무에게 정이품 벼슬을 내렸다. 보은 속리 정이품송천연기념물 제103호은 이렇게 탄생했다.

나는 어떤 사찰이든 곧장 들어가지 않는다. 법주사를 비롯한 한국 산중 사찰은 모두 생태의 보고이기 때문이다. 법주사 경내에는 팔상전국보 제55호, 쌍사자석등국보 제5호, 석연지국보 제64호, 사천왕석등보물 제15호, 마애여래의상보물 제216호, 희견보살상보물 제1417호 등 각종 문화재가 가득하다. 그러나 이런 문화재만큼 소중한 것이 바로 자연생태다. 만약 자연생태가 온전하지 못한 채 사찰에 인간이 만든 국보와 보물만 가득하다면, 자연과 어우러지는 모습이 일품인 한국 사찰의 가치는 크게 줄어들 것이다.

호서제일가람湖西第一伽藍이라 적힌 일주문에 들어서서 나무 사이로 법주사를 바라보니 마음이 들떴다. 일주문에서 법주사로 들어가

보은 속리 정이품송

는 길을 오리숲이라 부른다. 오리숲은 5리에 걸친 숲이란 뜻이지만 숲이 조금씩 사라진 탓에 지금은 이름값을 다하지 못하고 있다. 그러나 현재 남아 있는 숲만으로도 오리숲은 충분한 가치를 지니고 있다. 법주사 오리숲에는 갈참나무, 굴참나무, 상수리나무 등 참나무 종류가 많다. 그중 갈참나무의 모습이 아주 웅장하다. 갈참나무는 가을에 넓은 잎을 떨어뜨려 넉넉한 품성을 드러낸다. 갈참나무 잎을 밟고 지나가니 갓 구운 바삭바삭한 빵처럼 맛있는 냄새가 코를 자극했다. 갈참나무 잎은 숲에 사는 많은 생명체들이 추운 겨울을 잘 지내도록 보

법주사 갈참나무숲

금자리를 마련해주고 땅을 비옥하게 만들어주고 있었다.

　법주사 계곡은 오리숲의 가치를 한층 높여준다. 계곡 군데군데에서 자라는 물억새는 더불어 사는 삶의 표상이다. 물억새는 보는 사람의 감성을 자극할 뿐 아니라 다른 생명체들이 편안히 머물 공간까지 만들어준다. 계곡에 사는 나무들은 하늘 높이 솟다가도 수시로 물속에 자신을 비추어보며 삶을 즐기는 듯하다. 물속에 비친 나무들을 바라보니 나도 덩달아 즐거웠다. 계곡물 속에 거꾸로 서 있는 나무는 세상의 중심이 어딘지 잠시 착각하게 한다. 특히 계곡 근처에 있는 벚나무는 평생 물속에 자신을 비추면서 살다가 한 해에 한 번 봄철이 오면 꽃을 떨어뜨려 물을 정화할 것이다. 떨어진 벚꽃이 계곡물을 따라 내려가면 물속의 모든 생명체도 한 해 동안 지은 죄를 한 번에 씻어 흘려보내리라. 계곡 주변에서 만난 물푸레나뭇과의 물푸레나무도 물을 푸르게 만들면서 자신의 죄를 씻을 것이다. 이는 나무들의 성스러운 세례 의식이다.

나무의 경쟁과 공생　　　　숲은 나무들의 경쟁을 통해서 형성된다. 경쟁 없는 숲은 결코 건강할 수 없다. 경쟁은 모든 생명체의 생존에 필수 조건이다. 그러나 경쟁의 목적은 상대방을 이기는 데 있지 않고 공생에 있어야 한다. 하지만 공생이 반드시 평등을 전제하지는 않는다. 일정한 공간에서 서

계곡에 사는 나무들과 법주사 전경 계곡에 사는 나무들은 하늘 높이 솟다가도 수시로 물속에 자신을
비추어보며 삶을 즐기는 듯하다.

로 경쟁하다보면 각자가 본성대로 살지 못하는 경우가 많다. 치열한 경쟁이 벌어지는 숲에서도 나무들이 본성대로 살지 못하는 경우를 자주 볼 수 있다. 나무들은 경쟁하면서 때로 서로 몸을 붙여 살기도 하고, 상대방을 피해 몸을 틀어서 살기도 한다. 이렇게 나무는 스스로 살아남기 위해 상대방의 영역을 최대한 존중한다. 오리숲 나무를 찬찬히 살피다가 줄기가 굽은 나무를 만났다. 굽은 나무를 줄기 끝까지 눈으로 좇다보니 마지막 지점에 눈물 한 방울이 맺혀 있었다. 눈물 한 방울은 치열하게 살다가 부득이하게 몸을 굽혀서 살아가야 했던 나무의 설움이다. 그러나 나무는 설움의 눈물로 아름다운 가지를 만들었다. 그렇게 만든 가지에 까치가 둥지를 틀 자리마저 내줬다. 까치는 가장 튼실한 가지에 집을 짓는다. 고개를 들어 가지가 줄기에서 자라나 있는 아름다운 모습을 만끽했다.

　한국 사찰에서는 경내 바로 앞에 부도밭이 있다. 부도밭 주변에는 거의 예외 없이 숲이 존재한다. 부도밭의 숲은 조선왕릉의 숲과 성격이 비슷하다. 조선왕릉이 단순히 임금의 무덤이 아니라 훌륭한 자연생태를 갖춘 공간이듯이, 사찰의 부도밭도 그저 스님의 무덤이 아니라 자연생태의 보고다. 법주사에서도 경내에 들기 직전에 부도밭을 만났다. 부도밭에는 늘 푸른 소나무와 전나무, 그리고 소나뭇과의 잎갈나무숲이 있다. 나는 잎갈나무 잎이 떨어진 자태를 몹시 좋아한다. 공자는 늘 푸른 소나무와 측백나무가 날씨가 추워진 후에야 그 진가를 발휘한다고 했지만, 나는 잎 떨어지는 나무가 잎이 달려 있을

부도밭 앞 잎갈나무

때만 진가를 발휘하는 게 아니라 잎을 떨군 뒤에도 그 진가를 발휘한다고 생각한다. 잎 떨어진 잎갈나무의 진가는 이곳 숲에서 하늘을 바라보는 순간 확인할 수 있다. 나는 잎갈나무의 수직으로 솟은 줄기와 가늘게 뻗은 가지에서 잎 떨어진 나무의 아름다움 을 발견한다.

—

경상남도 합천 해인사 소나무숲

곧은 나무와 굽은 나무

참다운 나를 찾아 떠나다　　숲은 원융의 산물이다. 내가 나무를 사랑하는 이유는 나무들이 각각의 속성을 잃지 않으면서도 서로 원만하게 융합하는 원융에 따라 숲을 이루기 때문이다. 그러나 이 세상은 차별이 가득하고 원융의 세상은 멀기만 하다. 나는 나무를 만나면서 끊임없이 원융을 꿈꾼다. 그리고 원융을 실천하기 위해 가야산에 있는 해인사를 자주 찾는다. 해인사는 화엄華嚴 사상을 구현하기 위해 세운 사찰이기 때문이다. 화엄 사상의 핵심은 '하나가 일체요, 일체가 곧 하나—即多多即—'다. 이는 우주 만물이 원융해 끝없는 조화를 이룬다는 뜻이다.

　　내가 이곳을 자주 찾는 또다른 이유는 '해인海印'이 담고 있는 의미 때문이다. 이 세계는 큰 바다와 같다. 바다는 나를 있는 그대로 비추므로 바다에 비친 모습이 바로 자신의 참모습이다. 그래서 해인사로 가는 길은 차별 없는 세상에서 참다운 나를 확인하고자 떠나는 순례길이다.

돌고 돌아가는 소나무숲길

나는 해인사로 가는 소나무숲길을 걷기 위해 부음정 근처에 자동차를 주차하고 길을 나섰다. 해인사와 밀접한 관계가 있는 인물이 부음정에 살았다. 부음정은 남명 조식의 제자이자 임진왜란 의병장이었던 내암萊庵 정인홍鄭仁弘이 활동한 곳이자 제자를 기른 곳이다.

경상남도 합천에서 태어난 정인홍은 의령의 망우당忘憂堂 곽재우郭再祐, 고령의 송암松庵 김면金沔과 함께 영남 3대 의병장으로 꼽힌다. 정인홍은 임진왜란 당시 의병장으로 활동하면서 이곳 합천 해인사를 지킨 공로로 일등공신이 됐다. 그가 아니었다면 해인사 팔만대장경은 지금 남아 있지 않았을 것이다. 팔만대장경 없는 해인사는 상상할 수 없다. 해인사를 우리나라 삼보사찰 중 하나인 법보사찰法寶寺刹이라 부르는 것도 팔만대장경이 있기 때문이다.

굽이굽이 돌고 돌아 해인사로 가는 소나무숲길은 둥근 바퀴처럼 끊임없이 구르는 윤회를 닮았다. 그래서 소나무숲길로 걸어가는 발

부음정 부음정은 남명 조식의 제자이자 임진왜란 의병장이었던 내암 정인홍이 활동한 곳이자 제자를 기른 곳이다.

걸음은 인생의 바큇살을 하나하나 밟는 과정이다. 소나무를 바라보면서 정인홍이 유년 시절에 지었다는 시 「왜송矮松」을 읊었다.

> 짧디짧은 외로운 소나무가 탑 서쪽에 서 있으니
> 탑은 높고 소나무는 낮아 나란하지 않네
> 지금 외로운 소나무가 짧다고 말하지 마소
> 소나무가 자란 다음날이면 탑이 오히려 짧으리

> 短短孤松在塔西　塔高松下不相齊
> 莫言今日孤松短　松長他時塔反低

　해인사로 가는 길에 아주 낮은 무덤 하나를 만나면 주변 소나무가 솔방울로 장난을 건다. 소나무 그늘이 짙은 무덤에는 잔디가 살 수 없지만, 솔향이 풍기는 것만으로도 무덤의 주인은 행복하리라. 무덤가의 어떤 소나무는 계곡으로 길게 뻗어 삶을 도모하다가 몸이 휘어지는 바람에 보는 사람을 불안하게 한다. 벼랑 끝에 선 소나무가 무척 안쓰러워도 인간은 그 순간 어떤 조치도 취할 수 없다. 그러나 안타까워하지 말자. 벼랑에 선 소나무인들 두렵지 않을까. 그러나 벼랑 끝에 몰린 자들이 오히려 안정된 삶을 살아갈지도 모른다. 행복과 불행은 벼랑 끝에 선 모습만으로는 판단할 수 없는 법이거늘.

농산정에 앉아

해인사 소나무숲길은 농산정籠山亭 가까이 있는 계단을 하나 오르면서 시작된다. 그만큼 산길이 가파르다. 농산정은 합천 8경 중 하나인 홍류동紅流洞 계곡 건너편에 자리잡고 있다. 홍류동은 봄철에 붉은 꽃잎이, 가을에는 단풍이 물길을 따라 내려온다고 붙여진 이름이지만, 봄과 가을이 아니더라도 이곳은 사계절 모두 절경을 자랑한다. 그런데 홍류동 계곡에서 다리를 건너 농산정으로 가면서 소나무를 바라보는 순간 가슴이 아파왔다. 기암절벽 근처에 자리잡은 농산정 주변의 소나무는 껍질이 일부 벗겨져 있기 때문이다. 전국 산하에서 이러한 소나무의 수난을 자주 볼 수 있다. 일제의 만행이라는 얘기가 무성한데, 그 누구의 짓이든 생명체에 대한 폭력은 결코 용서받을 수 없다. 더구나 깊은 상처를 입은 이곳 소나무는 모두 뿌리가 바위와 엉켜 있을 만큼 열악한 환경에서 살고 있다. 홍류동 계곡의 힘찬 폭포 소리가 잠시나마 소나무의 고통을 가시게 해주길 바랄 수밖에 없었다.

시린 마음을 가슴에 품고 농산정에 올라 건너편을 바라보니 바위가 바로 눈앞에 들어왔다. 눈을 아주 크게 뜨고 바위를 뚫어지게 바라보면 최치원이 지은 시가 새겨져 있다. 농산정이라는 이름은 그가 제시석에 써놓았다는 시 마지막 구절에서 빌린 것이다. 시의 내용만으로도 농산정이 자리잡은 곳이 어떤 곳인지, 최치원이 왜 이곳에 와서 삶을 마쳤는지를 이해할 수 있다.

농산정 소나무숲

농산정 소나무가 입은 상처

첩첩 바위 사이를 미친 듯 달려 겹겹 봉우리 울리니

사람 소리 아주 가까운 곳에서도 분간하기 어렵구나

시비하는 소리 귀에 들릴까 늘 두려워

일부러 흐르는 물로 온 산을 둘러버렸네

狂奔疊石吼重巒　人語難分咫尺間

常恐是非聲到耳　故教流水盡籠山

물소리로 어찌 세상의 시비 소리를 가릴 수 있으랴만, 세상의 시비 소리에 얼마나 진절머리가 났기에 그는 이런 시를 남겼을까. 농산정에 앉아 물소리를 듣고 있노라면 정말이지 세상 그 어떤 소리도 들리지 않는다. 그러나 세상의 시비 소리가 들리지 않는 이유는 단지 물소리 때문이 아니다. 나 자신이 모든 번뇌를 잊었기 때문이다. 세상 모든 이해관계를 떠나서 오로지 자신의 청정한 마음만을 직시하는 순간이 바로 번뇌를 잊는 때다.

성철스님 부도 가는 길

해인사에 가까워질수록 소나무는 줄어든다. 참나뭇과 나무들이 숲을 점령한 탓일까. 길가에서 간혹 노각나무를 보는 즐거움도 놓칠 수 없다. 노각나무는 가야산 전역에서 많이 볼 수 있는 차나뭇과 나무로, 줄기가 해오라기 다리의 무늬와 색깔을 닮았다고 해서 그런 이름이 붙었다. 노각나무 껍질의 무늬를 보는 순간 정말로 그 매혹에서 벗어날 수가 없었다. 마치 산속에서 호랑이를 만나 겁에 질려 꼼짝하지 못하는 것과 같았다. 노각나무 껍질은 해오라기 다리를 닮기도 했지만 한국 호랑이의 무늬와 더욱 흡사하다. 곧게 뻗은 노각나무일수록 뚝뚝 떨어진 조각 사이로 드러난 호피 무늬 껍질이 더욱 아름답다.

소나무 한 그루가 서어나무 가지 사이에 넘어져 다리를 만들어

놓았다. 이런 일을 당한 서어나무는 무척 황당할 것이다. 넘어진 소나무가 썩어서 땅으로 떨어지기까지 서어나무는 힘든 시간을 보내야 하기 때문이다. 불현듯 다른 존재가 자기 몸에 안기거나 예상치 않게 어떤 사람이 병든 몸을 온전히 맡겨온다면 그 심정이 어떨까. 이는 참으로 난감한 일이다. 그러나 살다보면 그런 경우가 생기는 법이다. 나무는 그런 상황을 벗어날 수 없어서, 더불어 사는 처지에 그런 일 쯤이야 다반사라 여기고 대범하게 받아들인다.

초봄은 나무 사이로 가야산 계곡의 속살을 볼 수 있는 좋은 기회다. 갈잎나무들이 아직 잎을 만들기 전 다른 나무들이 봄을 준비하는 동안, 가야산의 심장을 보는 즐거움은 잎이 돋는 순간만큼이나 싱그럽다. 그러나 해인사 박물관 앞에 도착하면서부터 가슴이 답답해졌다. 박물관이 생기기 전에는 해인사로 가는 길목이 무척 아름다웠는데, 박물관이 들어서고서 해인사 입구의 산 기운은 완전히 막혀버렸다. 해인사 측에서는 사람들이 해인사를 편하게 관람하도록 입구에 박물관을 설립했는지 모르지만, 가야산 해인사는 박물관의 유물과 비교할 수 없을 만큼 그 자체로 값어치 있는 자연박물관이다.

박물관에서 성철스님 부도까지 가는 길에는 소나무를 거의 만날 수 없다. 그래서 겨울과 초봄에 이 길은 회색빛 도는 나무로 가득하다. 다만 잎이 떨어진 나무 위를 자세히 살피니 겨우살이가 회색 세상에 한 점 초록을 선사하고 있었다. 화장실에서 조금 발길을 옮기니 겨우살이를 판매하는 곳이 나왔다. 한 묶음에 1만 원에서 2만 원쯤

소나무와 서어나무 소나무 한 그루가 서어나무 가지 사이에 넘어져 다리를 만들어놓았다.

했다. 겨우살이가 몸에 좋다는 말에 이렇게 겨우살이가 팔려나가는 것이다. 어떻게 그 높은 곳까지 올라가서 겨우살이를 잘랐을까. 평화롭게 살던 겨우살이가 재수 없이 인간을 잘못 만나면 한순간에 1만 원에 팔려가야 하는 걸까.

언덕을 오르니 다래가 지친 객들의 손을 잡으려고 긴 줄기를 뻗고 있었다. 뱀이 구부리지 않으면 나아갈 수 없는 것처럼 다래도 몸을 꼬지 않으면 살아갈 수 없다. 다래와 같은 덩굴성 식물은 굽은 채로 살아간다. 곧은 나무와 굽은 나무는 살아가는 방법만 다를 뿐 존재 가치는 같지만, 사람들의 눈에는 곧은 나무가 더 가치 있는 존재로 보이나보다. 더욱이 덩굴성 식물은 다른 나무에 기생하며 살아가야 하는 운명을 타고나서 인간에게 오해를 받는다. 인간은 때로 덩굴성 식물을 가차없이 잘라버린다. 이 세상에는 쓸모없는 존재가 없지만, 인간은 편의에 따라 쓸모없는 것과 쓸모 있는 것을 엄격하게 구분한다. 장자는 "곧은 나무는 먼저 베이고, 단 우물은 먼저 마른다"고 일갈했지만, 굽은 나무가 먼저 베이는 경우도 적지 않다. 그나마 이곳의 다래는 성스러운 사찰 덕분에 용케도 살아남았다.

성철스님 부도로 들어가는 길목과 그 앞에서는 전나무가 서릿발 같은 기상을 자랑한다. 성철스님 부도는 활짝 핀 연꽃 모양이다. 불교를 상징하는 연꽃 모양으로 부도를 만든 것은 특별하지 않지만, 팔각원당형, 복발형, 석종형 등 기존에 있던 모양과 달라서 아주 특별하다. 성철스님 부도를 연꽃 모양으로 만든 이유는 성철스님이 열반한

해인사 앞 겨우살이 잎이 떨어진 나무 위를 자세히 살피니 겨우살이가 회색 세상에 한 점 초록을 선사하고 있었다.

성철스님 부도

곳이 해인사 백련암白蓮庵이기 때문이겠지만, 연꽃처럼 살다 열반에 든 스님의 정신을 기리기 위해서이기도 할 것이다.

해인사 다래나무 뱀이 구부리지 않으면 나아갈 수 없는 것
처럼 다래도 몸을 꼬지 않으면 살아갈 수 없다. 곧은 나무
와 굽은 나무는 살아가는 방법만 다를 뿐 존재 가치는 같다.

경상북도 영천 은해사 소나무숲
굽이굽이 인생길

금포정의 탄생　　　　　한국 산중 사찰은 자연생태와 인
문생태의 보고다. 지금까지 한국
에서 '사찰 산림'이 잘 보존되고 있는 이유는 사찰을 둘러싼 숲이 사
람들에게 도를 닦는 장소를 제공하고 각종 문화재를 보호하는 역할
을 한다고 여겨왔기 때문이다. 대한민국 문화재 절대다수가 사찰과
관련돼 있음은 결코 우연이 아니다. 현재 한국 산중 사찰은 대부분
울창한 숲을 끼고 있다. 그중에서도 경상북도 영천 은해사는 다른 사
찰에서 찾아보기 힘든 역사적인 숲을 보존하고 있다. 은해사의 역사
적인 숲길은 '금포정禁捕町'이다. '잡는 것을 금지하는 경계'라는 뜻 그
대로 금포정에서는 어떤 생명체도 잡지 못하게 해서 이런 이름이 붙

금포정 소나무숲

었다. 조선 숙종 때 조성된 금포정은 은해사 일주문에서 보화루까지의 소나무숲길로, 은해사의 상징이자 소중한 보물이다. 1714년 숙종이 사찰 입구의 땅을 매입해 심은 금포정 소나무는 300년이 넘는 역사를 고스란히 간직하고 있다.

사랑을 나누는 두 나무

산속 절로 들어가는 두 갈래 길 중에서 금포정 소나무는 주로 직선 길 양쪽에 집중적으로 살고 있다. 이곳 소나무는 대부분 곧게 자라지만, 공간이 부족한 탓에 서로 몸을 부딪치지 않으려고 몸을 기울여서 살아가는 나무도 적지 않다. 소나무숲길은 중간에 직선에서 곡선으로 바뀐다. 길 모양이 바뀌는 길목에 연리지가 있다. 연리지는 나무와 나무가 만나 엉킨 상태를 말하지만, 때론 줄기와 가지가, 때론 가지끼리만 엉킨 경우도 있다. 또 수종이 같은 경우도 있고 다른 경우도 있다. 나무들이 한 공간에 살면서 생긴 현상인 연리지에 인간은 사랑의 의미를 부여한다. 인간은 함께 붙어사는 나무를 보면서 부부의 사랑을 상상한다. 그래서 사람들은 다른 종류의 나무끼리 붙어 있는 연리지를 높이 평가한다.

금포정 연리지의 주인공은 느티나무와 굴참나무다. 이 연리지는 느티나무 가지가 굴참나무로 다가가 서로 만난 것으로, 느티나무가 굴참나무에게 청혼한 것 같다. 생명체가 나누는 사랑은 아름답지만 그 과정에는 반드시 고통이 따른다. 사랑하면서 고통이 없길 바란다면 그 사랑은 결코 오래갈 수 없다. 이곳 연리지도 사랑의 고통을 감내하면서 살아가고 있다. 느티나무 가지가 닿은 굴참나무 줄기에 꽤 큰 옹이가 생긴 것이다. 이는 느티나무가 굴참나무 줄기에 닿으면서 생긴 아픔의 흔적이다. 굴참나무 옹이 덕분에 느티나무 가지는 부러지지 않고 살아갈 수 있다.

산속에 영혼을 묻다

은해사 뒷산에 오르면 사찰의 전체 규모를 한눈에 볼 수 있을 뿐 아니라 소나무숲 수림장도 만날 수 있다. 최근 나무 주변을 죽은 자의 묘로 활용하는 수림장이 각광받고 있다. 수림장 앞에는 한국 사찰에서 빼놓을 수 없는 산령각山靈閣이 자리잡고 있다. 산령각 뒤편에 조성된 수림장은 산의 정령들이 깃든 곳에 인간의 영혼을 묻는다는 특별한 의미를 지닌다. 이는 인간의 육체가 다시 산속 나무로 돌아가는 것과 같다.

어찌 생각하면 수림장은 생을 다한 인간이 자연으로 돌아가는 아주 바람직한 방식이지만, 이런 방법이 나무에 어떤 영향을 주느냐를 생각해봐야 한다. 수림장을 지낸 이곳 소나무 줄기에는 고인의 이름과 생년월일, 사망 연월일이 적힌 명함이 못으로 박혀 있다. 나무를 상하게 하지 않고 나무 명함을 다는 방법을 고민해봐야 하지 않을까.

느티나무와 굴참나무 연리지 인간은 함께 붙어사는 나무를 보면서 부부의 사랑을 상상한다. 그래서 사람들은 다른 종류의 나무끼리 붙어 있는 연리지를 높이 평가한다.

굴참나무 옹이 느티나무가 굴참나무 줄기에 닿으면서 생긴 아픔의 흔적이다. 굴참나무 옹이 덕분에 느티나무 가지는 부러지지 않고 살아갈 수 있다.

수림장에서는 후손들이 돌아가신 분을 만나려면 소나무를 봐야한다. 나는 이런 모습이 무척 좋다. 살아 있는 나무를 통해 죽은 조상을 바라보면서 삶과 죽음을 동시에 인식하기 때문이다. 수림장을 등지고 은해사를 바라보니 이곳까지 찾아온 나 자신의 삶도 돌아볼 수있었다.

은행사 전경

기기암 가는 길

은해사에는 크고 작은 암자가 많은데 그중에서도 나는 기기암奇奇庵을 아주 좋아한다. 우선 기기암이라는 암자 이름이 좋다. 기기암의 '기기'는 '자연에 맡겨진 모습' 혹은 '나그네'를 뜻한다. 이같이 인간은 자연에 맡겨진 존재이자 이 세상에 잠시 왔다가 가는 존재다. 인간은 어디든지 거처하면서 어떤 것에도 집착하지 않는 무심한 존재라야 편안하게 살아갈 수 있다. 나는 은해사에 올 때마다 기기암까지 걸어서 가보고 싶었지만 그동안 여의치 않았던 게 늘 아쉬움으로 남아 있었다. 한국 암자가 아름다운 이유는 암자로 가는 숲길이 좁기 때문이다. 좁은 숲길은 작은 암자와 잘 어울린다. 숲길이 넓으면 아기자기한 암자를 압도해버린다. 좁은 숲길을 걸으면 넓은 숲길을 걸을 때보다 숲에 안긴 듯해서 걷는 사람도 마음이 훨씬 편하다. 현재 한국 암자는 물론 암자로 가는 숲길까지 넓히는 작업이 한창이지만, 이는 아름다운 금수강산을 망치는 행위다.

보화루 근처 계곡을 지나 3킬로미터 정도를 가면 기기암이 있다. 계곡을 끼고 암자로 걸어가는 길은 굽이굽이가 인생길이다. 굽이굽이 돌아가는 길마다 나무들의 모습이 다르고, 나무들 각각은 깊은 사연을 담고 있다. 나무들의 깊은 사연은 나무를 찬찬히 살피면 금방 읽을 수 있다. 특히 겨울에 갈잎나무는 자기 몸을 완전히 드러내기에 자세히 살피면 아주 작은 상처도 확인할 수 있다. 나는 암자로 가든 어디로 가든 천천히 길을 걷는다. 길을 가면서 나무들의 삶을 보며

기기암 가는 길

내 삶도 돌아봐야 하기 때문이다. 나는 길을 걷다 자주 뒤를 돌아본다. 이는 나 자신이 걸어온 길을 확인하기 위해서이기도 하지만, 나무들의 모습을 다른 각도에서 보기 위해서이기도 하다. 나무를 비롯한 식물은 애초부터 앞뒤가 없다. 사람이 어디서 보는가에 따라 식물은 그 모습이 아주 다르고, 풍기는 맛도 아주 다르다.

길을 걷다 계곡의 나뭇잎을 보는 재미도 쏠쏠하다. 나무가 떨어뜨린 잎들이 계곡물에 젖은 모습을 보니 겨우내 건조해진 내 마음도 촉촉해졌다. 계곡의 나뭇잎은 물고기를 비롯한 각종 생명체가 살아가는 터전을 제공한다. 때로 나뭇잎은 추운 겨울 매서운 바람을 막아주는 방한복과 같은 역할도 한다. 길 따라 수북이 쌓인 나뭇잎은 대부분 참나뭇과 나뭇잎이다. 한국 가을 산을 누렇게 물들이는 것도 참나뭇과 나뭇잎이고, 겨울 동안 산을 비옥하게 만드는 것도 참나뭇과 나뭇잎이다. 그래서 참나뭇과의 상수리나무, 굴참나무, 신갈나무 등은 한국 산에서 매우 중요하다.

많은 사람들이 겨울 산에서 푸른 잎이 돋보이는 소나무를 좋아한다. 하지만 소나무의 푸른 잎을 한층 돋보이게 하는 것이 갈잎나무라는 사실을 잊어서는 안 된다. 겨울 산에서는 소나무의 푸른 잎, 갈잎나무의 벗은 몸, 낙엽의 조화가 아름답다. 어느 것 하나 소중하지 않은 게 없다. 그러나 사람들은 어떤 것을 강조하기 위해 다른 것을 평가절하하는 데 익숙하다.

기기암으로 가는 중간 지점에서 규모가 작은 안흥폭포를 만났다. 한겨울인데도 폭포에는 물이 흘러내렸다. 이는 그만큼 산이 깊다는 뜻이며, 나무들이 많이 살고 있다는 증거다. 나무가 산속 물을 품고 있어야만 비가 적게 내리는 겨울에도 계곡에서 물이 흐른다. 그렇지 않으면 하늘에서 내린 빗물은 금방 말라버린다. 그래서 나무는 산을 산답게 만드는 주인공이다.

기기암에 가까워질수록, 산 정상을 향해 오를수록 산능선이 눈앞에 보였다. 능선과 능선이 겹치는 순간, 산도 서로 어울려 산다는 것을 알 수 있다. 산이 서로 살을 맞대어 살아가는 모습이 정겨웠다. 나는 겨울나무 사이로 산능선을 바라봤다. 나무 사이로 보이는 산능선은 사람 몸의 실루엣처럼 한층 신비로웠고, 이에 운무까지 자욱하니 황홀했다. 시멘트 길 중앙에는 운무 때문에 이끼가 돋아나 마치 양탄자가 깔린 듯했다.

기기암 입구에 도착하면 그 옆 갈라진 바위틈에 나무 한 그루가 서 있다. 나무가 바위를 갈라놓은 건지, 원래부터 갈라져 있던 바위틈을 비집고 나무가 뿌리를 내린 건지 알 수 없는 일이다. 나무는 틈에 흙만 있으면 생명의 뿌리를 내린다. 생물과 무생물의 만남이 저토록 아름다울 수 있을까. 나무가 바위틈을 비집고 들어가는 순간, 무생물도 생명체로 변모한다.

기기암 마당에는 장미과의 귀룽나무 두 그루가 우뚝 서 있다. 귀룽나무는 아홉 마리 용이 승천하는 나무라는 뜻을 지닌다. 귀룽나무의 가지는 물론 줄기마저 승천하는 용을 닮았다. 귀룽나무에 하얀 꽃

바위틈에 뿌리내린 나무

기가암의 귀룽나무

이 피면 마치 용이 하늘로 오르는 모습일까. 용이 붉게 익은 귀룽나무 열매를 입에 물고 하늘로 오를까. 겨울나무는 하늘의 기운을 온몸으로 맞는다. 이는 나무가 혹독한 겨울을 견디는 수행 과정이다. 기기암에서는 스님뿐만 아니라 나무도 모두 수행자다. 귀룽나무는 오랫동안 수행한 흔적이 역력했다. 나도 귀룽나무를 안고 한참 동안 묵언수행을 했다. 묵언을 마치고 눈을 뜨니 귀룽나무 가지들이 하늘 높이 춤추는 듯했다.

귀룽나무 뒤편으로 가면 아주 넓은 산자락에 산령각이 자리잡고 있다. 산령각으로 가는 길이 정말 정겨웠다. 기와로 울타리를 친 흙길은 아름다운 생태길이다. 길에는 모과나무 한 그루가 산령각 지킴이처럼 서 있다. 겨울인데도 나무에 모과가 달려 있었고, 나무 밑에는 떨어진 모과가 보였다. 모과는 군데군데 썩긴 했지만 노란빛을 잃지 않고 있다. 산령각 앞 모과나무에 열매가 달린 채 남아 있는 것은 다른 생명체들이 열매를 먹을 수 있도록, 아니면 모과나무가 후손을 남길 수 있도록 스님들이 배려한 덕분일 것이다. 크고 작은 나무들이 산령각을 호위하고 있고, 나무가 떨어뜨린 나뭇잎이 산령각 주위를 감싸고 있다. 기기암 옆 굴뚝에서 연기가 모락모락 피어오르는 걸 보니 내려갈 시간이 되었다. 암자에 오래 머물면 이곳 수행자들에게 피해를 준다. 적당한 시간 동안 머물다 내려가는 것이 이곳을 찾아온 사람들을 반겨준 사람과 자연에 대한 예의일지도 모른다.

물에 자신을 비추다

비자나무 노래　　　사람들은 힘들 때면 나무에 기댄
다. 사람들이 나무와 함께하며 나
무를 노래한 경우가 적지 않다. 나는 어릴 적에 부르던 나무 노래 중
〈겨울나무〉가 가장 기억에 남는다.

　　나무야 나무야 겨울나무야
　　눈 쌓인 응달에 외로이 서서
　　아무도 찾지 않는 추운 겨울을
　　바람 따라 휘파람만 불고 있느냐

평생을 살아봐도 늘 한자리
넓은 세상 얘기도 바람께 듣고
꽃 피던 봄여름 생각하면서
나무는 휘파람만 불고 있구나

학교에 가면서 이 노래를 불렀고, 집으로 돌아오는 길에도 이 노래를 불렀다. 내가 들은 노래 중에서는 나무 이름을 외우게 하는 노래도 있었다. 바로 전래동요 〈비자나무〉다.

물팍 밑에다 골미 잃고서
골미 찾기가 난감하도다
비어리어리 비어리어리
비자나무야 비자나무야
비자나무에 연이 걸려 앉네

그래서 비자나무를 '하늘에 빌자 비자나무'라고 불렀다. 이는 나무 이름을 쉽게 외우기 위한 방편으로 일종의 말장난이다. 나는 처음 보는 나무 이름을 외울 때도 이런 기억법을 적극 활용한다.

비자榧子나무는 바늘과 같은 잎이 좌우로 열린 모습에서 따온 이름이다. 비자나무의 '비榧'는 나무 목木과 광주리 비匪를 합한 글자이고, 광주리 비는 비자나무 잎 모양을 본뜬 것이다. 암수딴그루인 비자나무는 아주 더디게 자라기 때문에 현재 국내에 있는 대부분의 비자나무는 천연기념물로 지정돼 있다. 남해안이나 제주도처럼 남쪽으로 가야만 이 천연기념물을 만날 수 있다. 그래서 비자나무를 만나러 가는 길은 무척 설렌다.

비탈에 선 나무

천연기념물 비자나무가 숲을 이룬 사찰은 전라남도 장성군에 있는 백양사가 유일하다. 백양사의 비자나무는 산자락 언덕에 자리잡고 있어서 부도밭 근처의 비자나무 말고는 찾아가 악수를 나누기가 어렵다. 부도밭 근처 비자나무들은 뒤쪽 연못에 자신의 모습을 비춰보며 스스로 성찰하기 좋은 환경에서 살고 있다. 비자나무는 주변 갈잎나무들이 잎을 모두 떨구고 나서야 자신의 그림자를 물속에 드리운다. 이때가 바로 가을이 끝나고 겨울이 시작되는 시점이다.

　연못에서 다시 인도로 나서니 오른편 산자락에 사는 비자나무와 마주했다. 나는 이곳 비자나무처럼 비탈에 선 나무를 볼 때마다 황순원이 1960년에 발표한 장편소설 『나무들 비탈에 서다』를 떠올린다. 이곳 비자나무숲은 아직 젊다. 군데군데 젊은 티를 벗기 시작한 비자나무는 줄기에 하얀색을 드러낸다. 비자나무숲 아래에서는 다른 생명체를 거의 찾아볼 수 없다. 비자나무들은 산 위로 자신의 영역을 확보했지만, 그곳이 출입금지 구역인지라 이들의 생태를 확인할 방

법이 없다. 그러나 이곳에 가까이 간들 내가 할 수 있는 일은 하나도 없고 나무들의 삶을 방해할 뿐이리라. 그저 애틋한 마음으로 멀리서 나마 비자나무를 바라보는 것만으로도 좋았다.

백양사 비자나무숲은 비록 규모가 작지만 강렬했다. 비자나무숲을 지나니 백양사의 아름다움을 상징하는 쌍계루 앞에 금방 도달했다. 쌍계루 앞에도 작은 연못이 있다. 연못 입구에는 700살로 우리나라에서 가장 나이가 많은 갈참나무가 살고 있다. 옆에 있는 젊고 성싱한 단풍나무와 달리 이곳 갈참나무는 가지가 많지 않다. 연못 주변의 단풍나무는 가을에 백양사를 곱게 물든 단풍 비단으로 두르는 주인공이다. 단풍나무가 물에 비친 장면은 이를 바라보는 사람들에게 형언할 수 없는 행복을 선사할 것이다. 연못 쪽으로 기운 나무들의 줄기를 따라 눈을 옮기니 잎들이 무수히 많은 별처럼 보였다. 까만 밤하늘에 빛나는 별처럼 이곳의 나뭇잎도 반짝반짝 빛났다.

보리수와 고불매 밑에서　　백양사 경내에 들어와서 보니 사찰이 정갈했다. 한국 사찰에서 만나는 나무로 보리수를 빼놓을 수 없다. 보리수 나무 아래에서 석가모니는 깨달음을 얻었다. 백양사에도 보리수가 살고 있다. 친절하게도 보리수 옆에 나무에 관한 설명을 적어둔 간판을 설치해놓았다. 그러나 한국의 보리수는 석가모니가 득도한 곳의 보리수가 아니다. 다만

　　백양사 갈참나무 옆에 있는 젊고 싱싱한 단풍나무
와 달리 이곳 갈참나무는 가지가 많지 않다.

백양사 고불매

이 둘은 서로 닮았을 뿐이다. 석가모니가 득도한 곳의 보리수는 뽕나무과이고, 한국 사찰에 사는 보리수는 피나뭇과의 피나무다. 보리수와 피나무는 분명 종류가 다른 나무이지만 사찰에서는 둘을 구분하지 않고 피나무를 보리수로 이해하고 있다. 이 일을 어쩌면 좋을까. 보리수든 피나무든 깨달음을 얻는 장소는 아무래도 상관없지만, 어떤 존재를 정확히 이해하는 일은 중요하다. 보리수 옆에서는 이곳을 찾은 사람들의 기원이 담긴 천조각이 바람에 나부꼈다. 또 가지 위에는 연등이 걸려 있었다. 스님과 신자는 왜 이렇게 야단스럽게 나무를 괴롭힐까. 연등은 사람의 마음을 밝히는 수단일진대 어쩌자고 나뭇가지에 불을 밝히는지 이유를 알 수 없다.

사람들로 북적대는 대웅전을 지나 옆으로 빠져나오면 장미과의 매실나무가 살고 있다. 이곳 매실나무는 '고불매古佛梅'라 부르는데, 2007년에 천연기념물로 지정됐다. 고불매의 나이를 350살 정도로 추정하고 있으니 매실나무 중에서도 나이가 아주 많은 편이다. 매실나무는 대부분 100년을 살기도 힘들기 때문이다. 담홍색 꽃을 피우는 홍매인 고불매는 '호남오매湖南五梅' 중 하나다. 나머지 넷은 전남대의 대명매, 선암사의 선암매, 담양 지실마을의 계당매, 소록도의 수양매다. 담장 옆에서 홀로 살아가는 고불매의 자태는 무척 요염했다. 고불매는 나이가 많아 잎과 꽃이 없어도 삶의 관록이 묻어나 위풍당당했다. 그래서 옛날부터 많은 사람들이 고불매를 사랑한 건지도 모른다.

2부

역사와 숲

＊

제주도 비자림
나무에 기대어 쉬다

제주와 탐라　　　　　　　　제주도는 많은 사람들이 즐겨 찾는 참 탐나는 곳이다. 삼국시대부터 조선 초기까지 제주도는 탐라耽羅라 불렸는데, 여기엔 즐거움이 넘친다는 뜻이 있다. 제주도의 가장 큰 매력은 섬이다. 섬 '도島'자는 바다에서 철새가 쉬어가는 산을 뜻한다. 그래서 산과 나무가 없는 섬은 상상할 수 없다.

제주시 구좌읍 평대리에서 서남쪽으로 6킬로미터 정도 떨어져 있는 천연자생수림군락인 비자림은 한마디로 거대하다. 여기서는 500~800년 된 비자나무 2800여 그루를 만날 수 있다. 제주도 비자나무는 이름이 높아서, 『고려사』 열전 43에 따르면, 원나라가 궁궐을 짓기 위해 우리나라에 이곳 비자나무 50근을 요구할 정도였다. 비자나무는 아주 단단할 뿐 아니라 탄력성도 뛰어나서 예부터 최고의 바둑판 재료였다. 그래서 비자나무로 만든 바둑판은 명반名盤으로 취급됐다. 비자나무는 단단하다보니 지위가 높은 사람의 관과 배를 만드는 데도 사용됐다.

이곳을 직접 찾기 전에 나는 1998년 개봉한 로맨스 영화 〈연풍연가〉에서 제주 비자림을 처음 만났다. 일상에서 벗어나 제주행 비행기에 몸을 싣는 태희(장동건 분)와 관광 안내원 영서(고소영 분)의 사랑은 비자나무와 팽나무를 통해 깊어간다. 〈연풍연가〉는 제주도의 아름다운 풍경을 담고 있는데 그중에서도 비자림이 압권이다.

어두운 숲, 붉은 흙길

우리나라에는 단일 수종 숲이 많지 않다. 그래서 제주 비자림은 단일 수종 숲을 만날 수 있는 절호의 장소다. 그러나 비자림은 다른 숲과 달리 어둡다. 이는 비자나무의 특성 때문으로 언제 비자림에 들어가느냐에 따라 느낌도 아주 다르다. 맑은 날 비자림에 들어가면 숲을 비집고 들어온 햇빛 덕분에 편안한 분위기를 느낄 수 있지만, 흐린 날 숲에 들어가면 무척 음산한 분위기를 느끼게 된다. 또 제주 비자림은 계절에 따라 다른 느낌을 풍긴다. 나는 겨울에 비자림을 찾았다. 겨울에는 갈잎나무 잎이 떨어진 상태라서 늘 푸른 비자나무가 한

비자림 입구

층 돋보였다.

비자림으로 가는 길은 붉다. 옛날부터 붉은색은 사악한 기운을 막아준다고 했다. 비자림으로 가는 붉은 흙길은 천연의 비자림을 지금까지 지켜준 숲 지킴이가 아닐는지. 붉은색 길은 비자나무를 한층 돋보이게 했다. 비자림에서도 제주도의 상징인 돌을 만났다. 비자림에 난 길은 돌을 경계로 삼아 만들어졌다. 숲으로 가는 길은 안내자 역할을 하지만 길에서는 숲 전체를 가늠하기 어렵다. 그만큼 비자나무숲은 깊고 넓다. 숲에 들어가는 순간 숲 전체를 볼 수 없고, 숲을 벗어나도 숲 전체를 볼 수 없었다. 전체 비자림을 온전히 보려면 헬기를 이용할 수밖에 없을 터였다. 사람들은 흔히 "나무만 보지 말고 숲을 보라"고 하지만, 나무를 보지 않고 숲을 볼 수 없다. "나무만 보지 말고 숲을 보라"는 속담은 "일부만 보지 말고 전체를 보라"는 뜻이지만, 비자림은 일부를 봐야만 전체를 상상할 수 있다. 사실 일부를 제대로 보지 않고 전체를 보기란 쉽지 않고, 전체를 본다고 해서 일부를 아는 것도 아니다. 개별과 전체는 불가분의 관계라서 어느 한쪽만을 통해서는 대상을 온전히 인식할 수 없다.

이곳 비자림은 다른 지역 숲과 다른 점이 있다. 제주 비자림은 가장 남쪽에 있고 규모도 커서 습기가 많다. 기후가 온난한 제주도는 비자나무가 생장하기에 아주 적합한 지역이다. 제주 비자림은 전남 백양사 비자나무숲이나 경남 사천 비자나무숲과는 다른 특징이 있다. 이곳 비자림은 다른 지역 비자나무숲보다 규모가 아주 클 뿐 아

비자림의 붉은 흙길

니라 햇빛을 보기 어려울 만큼 울창하다. 해풍을 맞으며 살아가는 이곳 비자림은 언제나 습기가 많다. 그래서 비자나무 껍질에는 이끼가 많이 살고 있다. 이끼는 식물 중에서도 가장 먼저 육지에 적응한 생명체로, 나무에도 기생한다. 이끼는 '기생寄生'한다는 다소 부정적인 이미지를 갖고 있지만, 생명체 간에 절대적인 관계는 없다. 더욱이 비자나무에는 이끼 외에도 덩굴성 식물들이 동거하고 있어서, 한층 더 깊은 생태 관계를 보여준다.

갈림길에서 쉬다

비자나무숲길을 걷다보니 갈림길을 만났다. 인생을 살다보면 갈림길에서 방황하게 된다. 어느 쪽을 선택하느냐에 따라 인생이 갈리지만 어느 쪽으로 가든 스스로 개척하는 길은 언제나 아름답다. 비자림 갈림길에는 화산석을 이용해 쉼터를 만들어놓았다. 이 쉼터는 인생의 갈림길을 만나면 쉬어 가야 함을 암시한다. 나무에 기대어 쉬는 것休은 인생에서 반드시 필요하다. 비자림의 쉼터는 세상에서 가장 아름답고 행복한 쉼을 제공한다.

비자림의 나무들은 힘들 때 몸을 기울여 다른 나무에 기대고 있다. 나는 옆에 있는 나무를 안고 있는 비자나무에게 다가가서 힘들지 않은지 물어봤다. 혼자서도 똑바로 서서 살아가기 힘든 세상에 다른 존재까지 자기 몸에 기대고 있어 그 무게를 감당해야 하는 비자나무

　　　　　　　　　　　　　　　　　이끼와 비자나무

기댄 나무

는 당연히 힘들 것이다. 그런데도 내가 굳이 물어본 이유는 비자나무가 겉으로는 그리 힘들어 보이지 않았기 때문이다. 사람도 마찬가지다. 누구나 힘들게 살아가는데, 어떤 사람은 얼굴에 힘든 게 드러나지만 어떤 사람은 전혀 드러나지 않는다. 내색하는 것과 내색하지 않는 것의 차이는 단순히 성격이 아니라 삶에 대한 태도에서 비롯된다. 나무는 어떤 상황에서도 힘든 내색을 하지 않고 삶을 겸허하게 받아들인다. 삶을 온전히 자신의 몫으로 받아들이는 순간 상대방에 대한 원망은 사라진다. 더불어 사는 것은 결국 상대방의 삶을 온전히 받아들일 때 가능할지도 모른다.

새천년 비자나무

흙길이 끝나는 지점에서 '새천년 비자나무'를 만났다. 새천년 비자나무는 나이가 820세 이상, 높이는 14미터다. 새천년 비자나무는 넓은 공간에 살고 있는 덕분에 가지가 아주 무성하다. 나무 높이가 14미터에 불과한 것도 가지가 많기 때문이다. 나무줄기는 짧은 대신 가지가 무성해서 아주 풍성한 느낌을 풍겼다. 또 나뭇가지는 대체로 고르게 자라 균형을 잘 이뤘다. 새천년 비자나무는 품격이 아주 높았다.

새천년 비자나무는 800여 년 세월 동안 온갖 풍상을 겪으면서도 겉으로 보기엔 큰 상처 없이 잘 살아남았다. 새천년 비자나무는 비자림에서 가장 큰 어른이다. 그러나 단지 나이가 가장 많아서 어른으로 불리는 것은 결코 아니다. 인간이든 어떤 생명체든 어른으로 대접받기 위해서는 어른답게 처신해야 한다. 이때 가장 중요한 것은 자존自尊이다. 자존은 술잔을 높이 들어 스스로를 공경하는 모습을 뜻한다. 스스로를 높이는 사람은 다른 사람도 높여서 존경을 받는다. 존경받지 못하는 어른은 진정한 의미의 어른이 아니다. 새천년 비자나무 앞에 서는 순간 빈틈없는 자세에 압도당했다. 새천년 비자나무는 나이만 많은 게 아니라 존재감도 대단했다.

숲속에서 나오니 길게 뻗은 돌담이 비자림만큼이나 아름다웠다. 숲에서 나와 돌아가는 길은 먹먹했다. 마치 아기가 엄마 품을 떠나는 기분이 들었다. 숲을 떠난 인간은 오늘날까지 찬란한 문명을 만들어왔다. 그러나 지금 인간은 숲만큼 찬란한 문명이 없다는 것을 깨달

새천년 비자나무

고, 숲과 더불어 사는 방법을 찾고 있다. 인간이 뒤늦게 깨닫긴 했지만, 이는 무척 다행스러운 일이다.

전라남도 담양 죽녹원 대나무숲

은자들이 즐겨찾던 곳

단아한 명옥헌
청량한 소쇄원

전라남도 담양군은 숲의 고장이
다. 담양을 찾는 이유는 무엇보다
숲 때문이지만, 나는 결코 성급하

게 숲을 찾지는 않았다. 담양에는 숲을 찾기 전에 가야 할 곳이 많
았다. 가장 먼저 들른 곳은 조선 3대 정원으로 꼽히는 담양 소쇄원,
보길도 세연정, 영양 서석지와 견줄 만한 명옥헌鳴玉軒이다. 이 정원
의 이름이 왜 명옥헌인지 알려면 이곳에서 물소리를 들어야 한다. 물
소리가 옥구슬 굴러가는 소리를 닮았다 하여 붙여진 이름이기 때문
이다.

　명옥헌은 배롱나무로 유명해서 많은 사람들이 찾는다. 명옥헌을

찾아간 계절이 겨울인지라 이곳의 명물로 알려진 배롱나무꽃은 볼 수 없었지만, 겨울은 눈 내린 명옥헌의 아름다운 모습을 볼 수 있는 절호의 기회다. 겨울에는 잎 떨어진 나무들 사이로 명옥헌의 터를 한눈에 볼 수 있다. 특히 오른편 독야청청한 소나무가 한층 돋보인다. 연못 주위는 온통 배롱나무 천지다. 배롱나무만 봐도 한여름에 꽃이 만발하면 장관을 이루리라는 걸 짐작할 수 있다. 배롱나무 사이로 보이는 명옥헌은 단아했다.

배롱나무는 하얀 눈과 푸른 풀을 물끄러미 바라보고 있었다. 길가의 풀들은 눈에 덮인 채 푸르렀다. 풀들이 푸른 것은 눈을 이불쯤으로 생각하고 있기 때문일 것이다. 명옥헌으로 올라가는 눈길이 외길이라 외로웠지만, 배롱나무 가족이 살고 있는 곳에 들러 잠시 쉬었다 가니 마음이 한결 넉넉해졌다. 배롱나무 가족은 무척 위풍당당했다. 껍질이 없는데도 어떻게 저렇게 당당할 수 있을까. 겉과 속이 같은 배롱나무는 조상을 생각하는 후손의 일편단심을 상징하고, 배롱나무의 당당한 모습은 꼬장꼬장한 선비의 자세를 닮았다. 명옥헌보다 사람들의 발길이 잦은 소쇄원으로 가기 위해 발길을 다시 연못으로 옮겼다.

청량한 바람은 소쇄원 입구 양옆을 호위한 대숲에서 불어왔다. 자죽총紫竹叢이라 불리는 대숲을 보는 순간, 이곳이 대나무의 고장 담양임을 실감했다. 입구의 대숲은 여름에는 바람을 일으키고, 겨울에는 바람을 막아준다. 대나무 사이로 부는 바람 소리를 들으면서 1548년

김인후가 쓴 「소쇄원瀟灑園」 48영詠 중 제10영, '대숲에서 들려오는 바람 소리天竿風響'를 어찌 읊지 않을쏘냐.

　　　이미 하늘가 저 멀리 사라졌다가
　　　다시 고요한 곳으로 불어오는 바람
　　　바람과 대나무는 정이 없다지만
　　　밤낮으로 대피리 소리 울려대네

　　　己向空邊滅　還從靜處呼
　　　無情風與竹　日夕奏笙篁

　　대숲길을 지나서 소쇄원을 조성한 양산보梁山甫가 이곳에서 무엇을 꿈꿨는지를 짐작케 하는 작은 정자 대봉대待鳳臺를 만났다. 「소쇄원」 제37영은 오동나무 대에 드리운 여름 그늘桐臺夏陰의 대봉대를 노래하고 있지만, 나는 오동나무 잎이 떨어진 겨울에 대봉대를 찾았다. 눈 내린 소쇄원의 대봉대 지붕에는 고드름이 달렸다. 어린 시절 이후로 참 오랜만에 보는 고드름이다. 손을 호호 불며 고드름을 꺾어 먹던 시절을 회상하면서 발걸음을 옮기니 추운 눈바람에도 푸른 동백나무가 길손을 맞아줬다. 동백나무를 뒤로 하고 계곡으로 와 통나무 다리를 밟으면서 가면 이곳이 양산보의 거처임을 알리는 담벼락의 글씨, '소쇄처사양공지려瀟灑處士梁公之廬' 앞에 고목 한 그루가 굳건히 하

명옥헌 겨울 배롱나무 명옥헌을 찾아간 계절이 겨울인지라 이곳의 명물로 알려진 배롱나무꽃은 볼 수 없었지만, 겨울은 눈 내린 명옥헌의 아름다운 모습을 볼 수 있는 절호의 기회다.

명옥헌 겨울 소나무 오른편 독야청청한 소나무가 한층 돋보인다.

대봉대 눈 내린 소쇄원의 대봉대 지붕에는 고드름이 달렸다.

늘을 향해 있다. 마치 죽은 양산보가 살아 있는 듯, 고목은 한 치의 흐트러짐도 없다. 고목 앞에서 만나는, '비 갠 뒤 하늘의 상쾌한 달'을 의미하는 제월당霽月堂은 주인집이다. 이 집 주인은 배롱나무를 어떻게 생각했을까. 「소쇄원」 제42영, '산골 물가에 핀 배롱나무 櫬澗紫薇'에서는 다음과 같이 배롱나무를 읊고 있다.

세상에 핀 꽃
모두 열흘 가는 향기 없네

어찌하여 산골 물가 배롱나무는

백 일 내내 붉은 꽃을 보게 하는고

世上開花卉　都無十日香

何如臨澗樹　百夕對紅芳

　화려한 배롱나무꽃을 감상하는 주인의 맑은 눈빛은 배롱나무 껍질처럼 빛났을 것이다. 주인이 살던 시기에는 배롱나무가 즐비한 시냇가를 '자미탄紫薇灘'이라 불렀다지만, 지금은 그런 모습을 볼 수 없어 안타깝다. 자미는 배롱나무의 또다른 이름이다.

푸르고 푸른 대나무숲, 죽녹원

2003년에 조성된 죽녹원은 8길(운수대통길, 죽마고우길, 추억의 샛길, 사랑이 변치 않는 길, 성인산 오름길, 철학자의 길, 사색의 길, 선비의 길)로 구성돼 있다. 죽녹원에 드는 순간, 대나무가 만드는 신비한 세상이 펼쳐졌다. 가장 가까운 '운수대통길'을 지나 왼쪽으로 도니 하늘이 보이지 않을 만큼 울창한 숲을 만났다. 우리나라에서 이처럼 울창한 대나무숲속에 들어가보기란 매우 어렵다. 죽녹원은 중국 영화 〈와호장룡〉과 〈연인〉에 나오는 대나무숲이나 쓰촨성의 '수난주하이'처럼 대단한 규모는 아니다. 그렇지만 대나무숲을 쉽게 볼 수 없는 기후대에 살고 있는 한국 사람들에게 죽녹원은 아주 특별한 곳이다. 나는 죽녹원에서 첫 코스로 대나무의 삶을 가장 잘 볼 수 있는 운수대통길을 택했다. 다른 길과 달리 이 길에서는 대나무의 뿌리를 볼 수 있다. 어떤 뿌리는 사람의 무릎처럼 올라와 있어서 걸을 때 넘어지지 않도록 조심해야 한다. 아무 생각 없이 대나무 뿌리에 발을 올리는 순간 미끄러져 크게 다칠 수 있고, 여름에는 습한 곳에서 사는 지네가 나타나서 발을 물 수도 있다. 특히 대나무가 잘린 곳에서는 나무가 어떤 모습으로 뿌리를 내리고 있는지를 볼 수 있다. 목이 잘린 대나무 뿌리를 보니 문어와 닮았다. 뿌리가 꾸물꾸물 기어다니다가 옆의 대나무를 타고 하늘로 올라갈 것만 같았다. 대나무는 뿌리에서 죽순이 올라온다. 대나무는 비가 오면 더 빨리 자라서 우후죽순이라는 말도 생겼지만, 아무리 빨리 자라더라도 곧은 자세는 흐트러지지 않는다.

대나무숲은 은자들이 즐겨 찾던 곳이다. 죽녹원에 찾아오는 사람도 산속에 묻혀 지내고 싶은 마음을 품고 있을지 모른다. 중국 위나라와 진나라의 정권 교체기에 부패한 정치에 등을 돌린 지식인인 이른바 죽림칠현은 대나무숲에서 술을 마시며 거문고를 연주했다. 하지만 이곳을 찾은 사람들은 구태여 그렇게 하지 않아도 숲을 즐길 수 있다. 술을 좋아하지 않는 사람들은 댓잎에 내려앉은 이슬을 먹고 자란 죽로차竹露茶를 마시면 된다. 청나라 건륭 4년1739에 모환문毛煥文이 지은 『만보전서萬寶全書』 중 「채다록採茶錄」에서는 골짜기에서 자라

는 차가 제일이요, 죽림에서 자라는 차가 그다음이라 했으니, 죽녹원의 찻잎으로 차를 끓여 마시면 최고의 맛을 즐길 수 있다. 혹 애주가라면 죽엽주로 시름을 달랠 수 있다. 그런데 음력 5월 13일에 이곳을 찾는다면 술을 삼가야 한다. 이날은 1년에 한 번 있는 죽취일竹醉日로, 대나무가 정신을 차리지 못할 만큼 술을 많이 마시는 날이기 때문이다. 대나무는 지조가 강해서 옮기면 쉽게 죽지만, 술 취한 틈을 타서 옮기면 잘 살 수 있다고 한다. 이는 곧게 자라는 대나무의 일탈을 보여주기도 하지만, 대나무가 물과 밀접한 관계가 있다는 사실도 보여준다. 대나무가 술에 취한 날을 '용龍의 날'이라 하는데, 이 또한 용이 물을 상징하기 때문이다. 이날 죽녹원에 찾아오면 대나무가 술에 만취한 모습을 보게 될지도 모른다.

'철학자의 길'에서는 뿔처럼 생긴 죽순이 돋아나는 '맹종죽孟宗竹'을 만났다. 나는 맹종죽을 보면서 이 길을 '철학자의 길'이 아니라 '효자의 길'로 부르는 게 적합하다고 생각했다. 효자와 관련한 이야기가 전해오기 때문이다.

　중국 삼국시대 맹종이라는 효자가 노모와 살고 있었다. 어느 날 노모가 병에 걸렸는데 아무리 좋은 약을 써도 소용없었다. 죽음을 예감한 노모의 마지막 소원은 죽순을 먹는 것이었다. 아들은 어머니의 마지막 소원을 들어주려고 사방으로 죽순을 찾아다녔다. 그러나 겨울인지라 맹종은 죽순을 구할 수 없었다. 맹종이 눈물을

맹종죽

흘리자 하늘이 맹종의 정성에 감동했는지 눈물이 떨어진 곳에 죽순이 돋아났다. 맹종이 죽순을 가져가 노모에게 드리자 노모는 죽순을 먹고 기운을 차렸다. 그후로 이 대나무를 '맹종죽'이라 불렀다.

이 같은 이야기는 맹종죽이 '죽순대'라는 사실과 함께 죽순의 효능을 알려준다. 대나무 중에서도 줄기가 가장 굵고 키가 큰 맹종죽의 죽순은 당뇨를 비롯한 각종 질병을 낫게 하는 효능을 지니고 있어서 '식용 죽순'으로 불린다.

죽녹원을 비롯한 대나무숲에 가면, 사랑하는 사람의 이름을 나무에 새긴 것을 거의 예외 없이 발견할 수 있다. 왜 그럴까. 대나무와 자작나무를 제외하면 살아 있는 나무 중에는 글씨를 새길 만한 나무가 없기 때문일 것이다. 대나무가 사랑을 상징하는 나무라는 점도 무관하지 않다. 사랑과 관련한 대나무 이야기는 중국 순임금을 향한 여영女英과 아황娥皇의 순애보 때문에 생겨났다. 두 아내는 남편 순임금이 죽었다는 소식을 듣고 피눈물을 흘렸는데, 이 피눈물이 떨어져서 생긴 나무가 반죽斑竹이다.

옛날에 양반 집 뒤편에 심은 대나무에는 죽풍竹風으로 더위를 날리고 모든 번뇌도 날려버리겠다는 바람이 담겨 있었다. 죽녹원을 떠났지만 대나무 바람만은 가슴에 가득했다.

경상북도 경주 계림

김알지가 태어난 곳

시림에서 탄생한 김알지　천년고도 경주시에서 경주 김씨의 시조가 태어난 곳을 만나는 일은 감동적이다. 경주 계림은 신라 시조 박혁거세가 태어난 경주 나정蘿井과 함께 한국 역사의 신령스러운 공간이다. 이런 공간이 현재까지 남아 있는 것만으로도 우리에게는 영광이다. 경주를 비롯해 전국 각지에는 국가의 시조, 조상의 시조 등과 관련한 유적지가 아직 많이 남아 있지만, 이런 곳이 다른 문화재에 비해 그 가치를 인정받지 못하고 있다. 그 이유는 시조와 관련된 이야기가 대부분 설화라는 사실과 무관하지 않다. 언뜻 황당해 보이는 신화도 본질적으로는 역사와 무관하지 않다. 그리스와 로마 신화도 그러하다. 신화는 그 내용이 황

계림 시림에서 경주 김씨의 시조 김알지가 태어났다. 시림은 계림의 원래 이름이다.

당해야 하고, 설화는 그 내용이 환상적이어야 가치가 있다. 그래야 사람들이 그 이야기를 듣고 무한한 상상력을 발휘할 수 있다.

나는 설화가 갖는 특별한 의미를 숲에서 찾는다. 시림始林이라는 숲에서 김알지가 태어났다는 것이다. 만약 김알지가 숲에서 태어나지 않았다면 지금의 계림은 없어졌을지도 모른다. 계림의 원래 이름은 시림이었고, 시림에서 신라라는 이름이 탄생했다. 그래서 나는 나정과 계림이 경주 문화 유적에서 가장 중요하다고 생각한다.

김부식의 『삼국사기』에 따르면, 계림이라는 신령스러운 숲이 탄생한 때는 탈해왕 9년, 즉 65년 3월이다. 이때가 만물이 소생하는 3월이라는 점이 예사롭지 않다. 김알지가 이곳 숲에서 태어난 시간은 사람들이 자고 있는 밤이었다. 캄캄한 밤에 닭 우는 소리가 들렸다. 이 숲에서 들려온 새벽을 알리는 닭의 울음소리는 탄생의 조짐이었다. 이 소리를 듣고 누군가 가보지 않을 수 없을 터, 탈해왕은 동이 트길 기다렸다가 호공瓠公을 숲으로 보냈다.

호공은 두려운 마음으로 시림으로 들어갔다. 호공이 이곳에 도착하니 금빛이 나는 조그마한 궤짝이 나뭇가지에 걸려 있었다. 나는 이 설화에서 금색 궤짝과 나무 간의 상관관계가 궁금하다. 금은 지도자의 상징이라는 점에서 특별한 게 아니다. 그런데 궤짝이 하필 나무에 걸린 이유는 무엇일까. 궤짝이 나무에 걸렸다면 무슨 나무에 걸렸을까. 궤짝이 어떤 나무에 걸렸는지 그 기록은 『삼국사기』에 없지만, 김알지 탄생설화를 그린 조선시대 창강滄江 조속趙涑의 〈금궤도金櫃圖〉에서 단서를 찾을 수 있을지도 모른다. 〈계림고사도鷄林故事圖〉라고도 불리는 조속의 그림은 인조의 명에 따라 1636~1656년 사이에 완성됐다. 이 그림에서는 아주 큰 금궤가 나뭇가지에 걸려 있다. 이 그림은 보기 드문 채색화라서 금궤의 색깔까지 선명한데 금궤는 붉은 줄에 매달려 있다. 금궤 아래에서 흰 닭이 울고 있고, 두 사람이 나뭇가지에 걸린 금궤를 바라보고 있다. 그중 긴 부채를 들고 있는 사람은 하인이고, 다른 한 사람은 임금인 듯하다. 따라서 그림은 호공에게 소식을 전해들은 탈해왕이 시림에 직접 가서 금궤를 본 장면을 그린 듯하다.

그림에 등장하는 나무가 어떤 종류인지는 정확하게 알 수 없다. 줄기에 나 있는 상처로 볼 때 나무가 꽤 오랜 세월을 살았음을 짐작할 뿐이다. 나뭇잎은 아주 풍성하지만, 어떤 나뭇잎인지를 가늠하기는 어렵다. 이 나무의 종류를 밝힐 수 있는 단서 중 하나는 1803년 금릉金陵 남공철南公轍이 찬술한 비각 안 '계림김씨시조탄강유허비명' 뒤편에 살고 있는 참느릅나무다. 이곳 우물터 바로 옆에는 참느릅나무 두 그루가 살고 있다. 그중 키가 큰 참느릅나무는 담 쪽으로 휘어 있고, 키가 작은 참느릅나무는 마치 부모를 봉양하듯 가지를 벌려 키 큰 참느릅나무를 받치고 있다. 비명에는 "울창한 저 계림이여! 왕업이 흥기한 터로다. 누가 감히 공경하지 않으리오"라고 했건만, 키 큰 참느릅나무는 가지가 썩은 탓에 잘려서 몰골이 말이 아니었다. 그러나 늙은 부모를 공경하지 않을 수 없듯, 이곳 참느릅나무는 아무리

御製
此新羅敬順
王金傅始祖
金閼智金氏
仍姓金氏得之者
金閼智金氏
上金閼智其
級見而取
男子繼首金
來金閼智其
鳴新羅君也
其高麗嘉俳
入高麗順敬
未順謹敬順
歲乙亥翌年春
命尙見三國史
吏曹判書臣金益熙
奉敎書
堂令臣趙涑奉
敎繪繪

조속, 〈금궤도〉, 국립중앙박물관 소장.

썩어 문드러져도 신성한 존재이고, 존경과 존중의 대상이다. 그림 속 나무도 참느릅나무일까. 참느릅나무가 한국의 자생식물이라는 점을 감안한다면 그럴 가능성도 적지 않을 테지만, 기록이 없는 상황에서 단언하기란 어렵다.

왕이 금궤를 여는 장면을 상상하는 일은 재미있다. 신령스러운 금궤를 여는 왕의 손은 분명 떨렸을 것이다. 금궤 안에는 조그마한 사내 아기가 있었다. 아기의 자태와 용모는 기이했다. 왕은 이러한 아기를 보고서 좌우 신하들에게 "이것이 어찌 나에게 귀한 아들을 준 것이 아니겠는가?"라고 외쳤다. 이렇게 탈해왕은 아기를 기르게 됐는데, 아기가 금궤에서 나왔기에 김알지라 했다. 그리고 숲 이름도 닭 울음소리가 나온 숲을 의미하는 계림으로 바뀌었다.

나무는 희망을 놓지 않는다

조선시대 『동경잡기東京雜記』에서는 계림을 종교림이자 비보裨補숲으로 인식했다. 이곳은 김알지가 태어난 곳이기 때문에 종교림이라 하고, 홍수와 바람을 막아주는 역할을 했기에 부족한 것을 보완하는 비보숲이라 했다. 종교림과 비보숲 역할을 동시에 하던 계림은 경주에서도 중요한 숲이었다. 요즘은 입장료 없이도 마음대로 계림에 들어가지만, 계림은 조선시대만 하더라도 아무나 들어갈 수 없는 성스러운 장소였다. 이곳에 들어가 나무를 베거나 밭을 경작하다가는 곤장 여든 대를 맞고 관직까지 박탈당했다.

나는 계림에 들어갈 때마다 기분이 무척 좋다. 이곳에서는 흙냄새를 마음껏 맡을 수 있기 때문이다. 그러나 숲 입구에서 만나는 회화나무의 처절한 몸부림은 금방 나를 숙연하게 만들었다. 콩과의 회화나무가 언제 여기에 똬리를 틀었는지 가늠할 만한 증거는 없지만, 나이를 500살로 추정하면 조선시대 초부터 살았을 것이다. 그런데 이곳 회화나무 줄기는 거의 썩었고, 가지만 겨우 몇 개 남아 목숨을 유지하고 있다. 그래도 이곳 회화나무는 쉽게 죽지 않을 것이다. 나무는 세파에 온몸이 멍들어도 뿌리와 껍질 사이의 물관세포만 살아 있으면 살아남기 때문이다. 그러나 계림의 회화나무가 수백 년 동안 살아남은 이유는 무엇보다도 삶에 대한 희망의 끈을 한순간도 놓지 않았기 때문은 아닐까. 회화나무 옆에는 아주 싱싱한 팽나무가 살고 있다. 그중 팽나무 두 그루는 마치 용이 하늘을 날기 위해 준비하는 듯한 모습으로 서로 뿌리를 얽어 거친 세상에 대처하고 있다.

이처럼 계림을 걷다보면 계림의 나무들이 얼마나 고단한 삶을 살고 있는지 확인할 수 있다. 「찬기파랑가」 향가비 옆 느티나무 중 몇 그루는 뿌리가 땅 위로 거의 드러나 있다. 어쩔 수 없이 뿌리를 밖으로 드러낸 느티나무는 뿌리가 땅에서 떨어지지 않도록 견고한 장치를 마련해야 한다. 작은 뿌리가 굵은 뿌리를 감싸고 있는 느티나무 서쪽 건너편에는 노박덩굴과의 참빗살나무가 살아가고 있고, 그 옆

계림의 회화나무

에는 세월의 무게를 이기지 못해 속이 썩은 왕버들이 살고 있다. 그러나 이런 나무 가까이서 오래 머물면 슬픔이 기쁨으로 변한다. 힘겹게 살아가는 나무에서도 새로운 생명들이 자라는 모습을 볼 수 있어서다.

꩜

강원도 원주 성황림

마을의 신성한 공간

숲과 성황당　　　　　　　　숲이 언제나 희망의 공간인 건 아
　　　　　　　　　　　　　　니다. 옛날에는 숲이 공포의 공간
이기도 했다. 숲을 공포의 대상으로 인식하는 정도는 민족마다 사람
마다 달랐지만, 이유는 하나였다. 숲에 대한 이해가 부족했기 때문이
다. 인류는 강가에서 생활하기 전부터 숲에서 지냈다. 강가로 거처
를 옮긴 뒤에도 인류는 여전히 숲을 떠날 수 없었다. 목숨을 유지하
려면 숲에서 식량을 구해야 했다. 그래서 인간은 조금씩 숲을 활용하
는 방법을 찾아나갔지만 결코 쉽지만은 않았다. 인간에게 많은 자연
자원을 제공하는 숲은 당시 인간의 능력으로는 제어할 수 없는 대상
이었다.

울창한 숲속은 낮에도 빛이 잘 들어오지 않았다. 밤이면 숲은 칠흑같이 어두웠다. 또 숲에는 인간을 위협하는 존재가 적지 않았다. 크고 작은 벌레와 짐승이 숲에 살았다. 인간은 특별한 도구를 갖고 있지 않으면 짐승과 경쟁해서 쉽게 이길 수 없었다. 특히 밤에 짐승과 새들이 우는 소리는 공포 그 자체였다. 그래서 고대인들은 홍수, 가뭄, 전염병과 같은 재난을 당했을 때, 산천의 신에게 제물을 바쳐 재난을 극복하려 했다.

지금도 우리나라 곳곳에 남아 있는 산신각 혹은 산령각은 한국 고대인들이 산천을 어떻게 인식했는지를 잘 보여준다. 산천을 신령한 존재로 생각하는 이런 태도는 결코 미신으로 치부될 수 없다. 이는 자연을 대하는 인간의 경건한 자세다. 고대인들이 산천을 이렇게 인식한 덕분에 우리나라 산천은 아름답게 남아 있다. 산신각 옆에는 언제나 나무가 살고 있다. 어떤 산신각은 특정 나무를 모신다. 전국에 남아 있는 산신각 옆 나무는 그 종류가 다양하지 않은데, 대표적으로 소나무와 느티나무가 있다. 이 두 나무는 수명이 길고 우리나라에 가장 많이 사는 나무이기 때문에 많이 남았다.

산신각과 산령각이 산에 있는 반면에, 성황당은 마을 어귀나 고갯마루에 원뿔형으로 쌓아놓은 돌무더기 형태인 경우가 많다. 그리고 그 옆에는 신목神木이라 불리는 나무 혹은 장승이 있다. 성황당은 성황신을 모시는 신앙의 장소다. 사람들은 성황당에 돌을 놓거나 오색 천을 나무에 묶고서 이곳을 지나다녔다. 사람들은 당연히 그곳에 쌓아올린 물건을 함부로 파거나 헐지 않았다.

솟대를 지나고
계곡을 지나서

강원도 원주시 신림면에 있는 성황림은 치악산 성황신을 마을 수호신으로 모신다. 이곳 성황림은 천연기념물 제93호로 지정돼 있다. 성황림은 온대림의 일부를 잘 보존하고 있는 귀중한 숲으로, 그 가치가 아주 크다. 숲에는 전나무, 소나무, 복자기, 귀룽나무, 갈참나무, 신갈나무, 찰피나무, 말채나무 등 50여 종류의 나무가 살고 있다.

성황림은 마을 입구에 자리잡고 있다. 성황림은 마을에서 신앙의 기둥 역할을 함은 물론 홍수를 방지하고 바람까지 막아준다. 마을로 들어가는 길목에는 작은 도랑이 있다. 도랑을 건너자마자 성황림 입구가 보였지만, 성황림으로 들어가려면 마을의 허락을 얻어야 한다. 이곳은 천연기념물이기 전에 마을의 신성한 공간이기 때문이다. 그래서 사람들이 성황림에 함부로 들어가지 못하도록 주변에는 쇠울타리가 둘러쳐져 있었다. 마을로 들어가는 도랑을 건너기 전 이쪽 편에는 소나무가 수호신처럼 서 있다. 다른 나무와 엉켜 있는 소나무는 문 역할을 한다. 소나무의 붉은 껍질은 아마도 마을로 들어오는 악기惡氣를 막아줄 것이다. 소나무 앞은 물론 주변 곳곳에 있는 돌무더기는 이곳이 성황당임을 증명한다.

성황림에서 바라본 치악산 강원도 원주 신림면에 있는 성황림은 치악산 성황신을 마을 수호신으로 모신다. ©배정현

마을로 들어가는 길 가운데는 회화나무 한 그루가 우뚝 서 있다. 이 회화나무는 마을의 '학자수學者樹'다. 회화나무를 학자수로 부르는 이유는 중국 주나라 때 선비의 무덤에 이 나무를 심었기 때문이다. 세로로 깊게 파인 회화나무를 안고 치악산 국립공원을 다시 바라보니 산이 하얀 구름 옷을 입고 있었다. 나무를 안고 하늘을 보면 나무가 하늘을 품고 있는 듯한 느낌이 든다. 회화나무를 지나 마을로 가는 길은 두 갈래 길인데 오른쪽 길로 가면 성황림 뒤쪽을 볼 수 있다. 오른쪽 길 입구에 있는 작은 공원이 무척 귀여웠다. 공원 돌조각에는 치악산 유래를 알려주는 글이 그림과 함께 새겨져 있다.

옛날 어느 시골에 사는 영리한 소년이 백석암의 스님에게 배움을 청하기 위해 집을 나서서 길을 가다가 큰 뱀이 꿩을 잡아먹는 것을 보고 지팡이로 뱀을 죽였다. 꿩은 소년을 바라보면서 날아갔다. 소년이 백석암에 도착하기 전 날이 저물자 하룻밤 묵기 위해 불빛이 비치는 집을 찾아가니, 예쁜 여자가 혼자 살고 있었다. 그런데 소년은 여자의 뾰족한 혀를 보고 뱀이 여자로 변한 것을 알고 다시 길을 떠나려 했다. 그러나 여자는 소년을 협박하면서 길을 막았다. 소년은 "만물의 영장인 사람을 미물인 네가 어떻게 해칠 것인가?"라고 하면서 여자를 훈계했지만, 여자는 오히려 "그대가 만물의 영장이면 지금 뒤에 있는 절의 경쇠를 저절로 소리 나게 하면 해치지 않겠다"고 하면서 소년을 희롱했다. 소년은 여자의 말을 듣고 속으

성황림 마을 회화나무 나무를 안고 하늘을 보면, 나무가 하늘을 품고 있는 듯한 느낌이 든다.

로 불가능하다는 것을 알면서도 "곧 경쇠가 울릴 것이다"라고 큰소리쳤다. 그런데 소년의 말이 끝나자마자 경쇠가 울렸다. 이에 여자는 뱀으로 변해 사라졌다. 소년은 어떻게 된 영문인지 궁금해서 절에 가보고, 경쇠 옆에 부리가 허물어지고 머리가 부서진 꿩 한 마리가 죽어 있는 것을 봤다. 소년은 자신을 위해 죽은 꿩의 보은에 감동해서 그곳 적악산의 산 이름을 꿩을 의미하는 '치'악산으로 고치고, 꿩이 죽은 자리에 지금의 상원사를 세워 불도를 닦았다.

돌조각 주변에는 쇠로 만든 솟대가 즐비하다. 이곳 솟대는 분명 꿩이리라. 솟대의 꿩은 이곳 마을과 숲을 모두 지키는 수호신이다. 성황림으로 들어가기 전에 나는 층층나뭇과의 층층나무 한 그루가 팔을 벌려 낮 시간을 즐기는 모습을 보면서 한참 동안 계곡에 머물렀다. 성황림에 들기 전에 계곡물을 보면서 마음의 때를 씻고 싶었기 때문이다.

늠름한 소나무

계곡에서 마음의 때를 벗기고 나서 경건한 마음으로 성황림 문으로 들어갔다. 들어가는 흙길은 사람의 발길이 많지 않아 자연을 그대로 느끼기에 좋았다. 성황림에서는 느릅나무가 숲의 주인인 듯 큰 키를 자랑하고 있어서 단연 돋보인다. 소나무도 큰 키를 자랑하면서 당

성황림의 소나무 ©배정현

당하게 살고 있다. 아주 키가 큰 소나무 두 그루는 그 옆에 각각 한 그루씩 동생을 거느리고 있다. 동생들도 결코 어리지 않지만, 키가 큰 두 그루에 비하면 한참 어렸다. 소나무들은 하늘을 점령하기 위해 몸을 좀 비틀었다. 소나무의 거북 등처럼 생긴 껍질과 굽은 몸은 마치 용 한 마리가 하늘로 올라가는 듯한 기세였다. 소나무들은 다른 나무보다 빛을 조금이라도 더 받기 위해 끝 부분 몇 개를 제외하고 가지를 모두 잘라버렸다. 가지를 많이 남겨두면 몸을 건강하게 유지하는 데 어려움을 겪기 때문이다. 나무는 삶의 필수 요소인 햇빛을 받기 위한 선택과 집중에 매우 익숙한 존재다. 키가 크게 자란 소나무는 언제나 가지에 똬리를 튼다. 삶에 지친 모습이기도 하고, 강인한 모습의 상징이기도 하다. 가지 끝부분은 최전방을 지키는 군인처럼 온갖 풍상을 온몸으로 견뎌야 한다. 그래서 소나무는 굽지 않고서는 살아남을 수 없다. 소나무 끝부분의 줄기는 붉은 경우가 많다. 비바람을 맞으면서 얼굴이 붉어진 것일까. 사방으로 돌면서 소나무를 올려다보니 웅장한 몸매에 감탄하지 않을 수 없었다. 이 순간 소나무를 사랑하는 마음이 절로 생겨 소나무의 매력에서 벗어날 수 없었다.

성황림 당집과 전나무와 음나무

성황림을 한 바퀴 돌고 난 뒤에야 당집으로 갔다. 기와지붕을 얹은 당집은 아담하면서도 힘차 보였다.

당집 앞에는 수문장처럼 키가 큰 나무들이 둘러서서 이곳을 찾는 사람을 지켜보고 있다. 주위에서 위엄을 풍기는 나무만 봐도 결코 몸가짐을 함부로 할 수 없다. 당집은 숲에 완전히 안겨 있어 아기가 엄마 품에 안긴 것처럼 아주 평온해 보였다.

당집 앞 나무 중 단풍나뭇과의 복자기는 당집으로 가는 발걸음을 멈추게 할 만큼 매력이 넘친다. 복자기는 단풍나무 중에서도 붉게 물든 모습이 아름답기로 유명하지만, 주변에서 이곳 나무처럼 키가 크고, 줄기가 굵은 나무를 찾아보기는 어렵다. 신령스러운 공간에서 복자기는 이토록 크게 자랐다. 가을에 복자기가 선사하는 단풍잎은 그가 성황신에게 바치는 최고의 선물일지도 모른다.

당집 가까이 가면 왼편과 오른편에 각각 다른 나무가 서서 집을 지키고 있다. 왼편에는 두릅나뭇과의 음나무가 있고, 오른편에는 소나뭇과의 전나무가 있다. 지금껏 나는 이처럼 두 종류의 나무가 당집 옆을 지키는 경우를 보지 못했다. 전나무는 우리나라 고건축에도 많이 사용됐고, 선비들도 아주 좋아한 나무다. 그래서 이곳 전나무는 당집을 지키는 수호신에 아주 잘 어울린다. 음나무는 사악한 기운을 쫓는 나무다. 이 나무를 마을 입구나 집안에 심는 이유는 날카로운 가시 때문이다. 음나무는 어릴수록 자신을 보호하려고 뾰족한 가시를 만들어낸다. 하지만 나이가 들어서 면역력이 생기면 가시가 점차 사라진다. 성황림의 음나무는 엄청난 크기를 자랑한다. 이곳 음나무 껍질은 가시라고는 찾아볼 수 없을 만큼 매끈하다. 가시 없이도 얼마든지

성황림 복자기 ©배정현

성황림 당집의 음나무(왼쪽)와 전나무(오른쪽) ⓒ배정현

세상 풍파를 견디면서 살 수 있을 만큼 연륜이 쌓인 것이다.

　성황림 문을 열어준 마을 할아버지는 내가 성황림에 머무는 동
안 내내 함께 계셨다. 할아버지는 평생 이곳에 살며 숲과 함께하신
분이라 얼굴이 참 맑았다. 숲과 함께하는 사람은 마음이 저절로 맑아
지는 법이거늘, 어찌 얼굴이 맑지 않을 수 있을까. 시간이 허락지 않
아 건너편 산으로 올라가지 못하고 집으로 돌아와야 했지만, 신령스
러운 숲을 단숨에 다 둘러보는 것도 예의가 아니리라. 당집 건너편
숲은 훗날 이곳을 다시 찾아야 할 이유로 마음속에 남겨뒀다.

경상남도 함양 상림

최치원이 조성한 최초의 인공 숲

함양 위천과 상림　　　경상남도 함양군 상림은 대한민국 생태학사에서 아주 중요하다. 상림이 생태학적으로 중요한 이유는 단지 이곳이 천연기념물로 지정된 대한민국 최초의 인공 숲이기 때문만은 아니다. 신라시대 최치원이 상림을 조성한 이후 무려 천 년이 넘도록 사람들이 이 숲을 지켜왔다는 점이야말로 중요하다. 장구한 세월 동안 원형에 가깝게 현상이 보존된 상림은 대한민국의 자랑이 아닐 수 없다.

　　상림이 천 년의 숲으로 남을 수 있었던 이유는 함양을 가로지르는 하천인 위천의 구조 때문이다. 위천 물은 함양 사람들의 농업용수와 식수로 사용돼왔는데 남강과 합류하는 까닭에 배수에 문제가 있었다. 그래서 이 지역 사람들은 여름에 수해를 피하기 어려웠다. 상림은 바로 위천의 홍수 피해를 줄이기 위해 만들어진 숲이다.

최치원과 금호미다리 전설

신라시대 정부는 위천의 홍수 피해를 더이상 방치할 수 없었다. 그래서 진성여왕 시절 최치원은 함양 태수를 지내면서 상림을 조성했다. 장비가 불충분하던 시대에 숲을 조성한다는 건 결코 쉬운 일이 아니었다. 결국 최치원이 선택할 수 있는 방법은 지역민을 동원하는 것뿐이었다. 지역민 또한 홍수로 인한 피해와 그 고통을 절감했을 것이다. 그렇다 해도 농사에 전념하는 백성을 동원하기란 만만찮은 과제였을 것이다. 최치원이 인력 문제를 어떻게 해결했는지 알려주는 자료는 없다. 하지만 백성의 동의를 충분히 끌어내지 않고서는 숲을 조성하기가 거의 불가능했을 것이다.

상림의 '금호미다리'는 최치원이 상림을 어떤 방식으로 조성했는지를 알려주는 흔적이다. 금호미는 상림을 조성할 때 사용한 호미를 높여 부른 이름이다. 지금의 상림 자리에 나무를 심기 위해서는 어디선가 나무를 뽑아와 옮겨 심어야 했다. 최치원은 지리산 자락 나무를 옮겨 심었다고 한다. 이런 이야기는 비록 전설이지만, 나름대로 생명력을 갖는다.

금호미다리 최근에 조성한 상림의 '금호미다리'. 금호미다리 전설을 통해 상림이 어떻게 조성됐는지 짐작할 수 있다.

상림에는 벌레가 없다는 전설도 있다. 최치원의 어머니는 상림이 만들어지고 나서 홀로 숲에서 산책했다. 그런데 갑자기 어떤 벌레가 어머니의 얼굴을 덮쳤다. 최치원의 어머니는 겁에 질려 곧장 아들에게 달려가서 이 사실을 알렸다. 최치원은 놀란 어머니를 보고는 화가 나서 숲으로 가 모든 벌레를 사라지게 했다. 그뒤로 상림에는 벌레가 없었다고 한다. 이 이야기에는 최치원의 효성과 도력을 칭송하려는 후대 사람들의 의도가 얼마간 담겨 있다고 볼 수 있다.

상림으로 가다보니 최치원 관련 유적인 학사루學士樓를 만났다. 함양군청 앞에 자리잡은 학사루는 최치원이 중국 유학을 마치고 돌아와 헌강왕에게 받은 벼슬인 '시독 겸 한림학사 수병부시랑 지서서감'에서 유래했다. 최치원은 자주 학사루에 올라 시를 지었다고 한다. 학사루와 그다지 멀지 않은 곳에 위치한 상림은 함양 중심지에 자리잡고 있다. 상림은 최근에 관광명소로 만들어지는 과정에서 적지 않은 변화를 겪었다. 큰 변화 중 하나는 상림 주변 논을 매입해 연밭으로 만든 것이다. 이제 여름만 되면 상림은 울창한 나무와 연꽃으로 뒤덮이고, 발 디딜 틈이 없을 만큼 사람들로 북적인다.

사람들의 발길이 늘어나면서, 더욱이 숲 주변에서 각종 행사가 열리면서 상림은 몸살을 앓고 있다. 다행히 상림은 휴식년을 두고 있지만 지금처럼 사람들의 발길이 몰리면, 상림의 앞날이 밝으리라 장담하기 힘들다. 홍수를 방지하기 위해 조성된 상림은 신라시대 함양 백성의 고통과 염원이 서려 있는 곳이다. 그러니 상림의 조성 과정을

상림 주변의 연밭 상림 주변 논을 매입해 연밭으로 만들었다. 이제 여름만 되면 상림은 울창한 나무와 연꽃으로 뒤덮인다.

이해한다면 이곳을 단순한 공원으로 활용해서는 안 된다. 그러나 상림은 함양을 대표하는 '상림 공원'이 되어버린 듯한 모양새다. 어떤 목적으로 조성됐든 간에 숲은 성스러운 공간이다. 숲이 성스러운 공간인 이유는 이곳에 식물은 말할 것도 없고 식물과 공생하는 수많은 생명체가 살고 있기 때문이다. 사람들이 숲에 무분별하게 침입하면 식물과 이와 공생하는 생명체는 생명을 지속하기 어렵다.

상림에 사는 나무들

상림에는 갈잎나무만 산다. 상림에서는 늘푸른나무를 발견할 수 없다. 소나무처럼 늘푸른나무를 좋아하는 사람들에게 상림은 좀 아쉬운 숲일지도 모른다. 그러나 상림에 늘푸른나무가 없는 것은 다행한 일일 수 있다. 특히 소나무가 없어서 무척 다행이다. 만약 이곳에 소나무가 산다면 다른 나무들이 소나무와 치열한 경쟁을 벌여야 할 텐데, 소나무가 경쟁에서 이길 경우 다른 나무들은 생존하기 어려워진다. 상림에 늘푸른나무가 없는 이유는 지리산 자락에서 나무를 옮겨 심는 일이 아주 어려웠기 때문일 것이다. 특히 소나무는 옮겨 심으면 잘 자라지 못한다. 그 점을 당시 기술로는 쉽게 극복하지 못했을 것이다. 그리고 소나무는 더디게 자라서 홍수를 방지하는 데도 큰 도움을 주지 못했을 것이다.

상림에는 갈잎나무들이 햇볕을 독점하지 않고 공유해서 다양한

식물이 존재한다. 그래서 상림은 키 큰 나무와 키 작은 나무가 동거하기에 적합한 공간이다. 그런데 상림에 사는 떨기나무들의 잎은 햇볕을 많이 받을 수 있는 공간에 사는 나무들의 잎보다 훨씬 크다. 떨기나무들이 키 큰 나무들에 가려서 빛을 양껏 받지 못하니 일단 잎을 넓게 만들어야 조금이라도 빛을 많이 받을 수 있어서 그런 듯하다. 이곳에 사는 노박덩굴과의 화살나무 역시 하늘을 온전히 볼 수 있는 공간에 사는 잎보다 그렇지 않은 곳에 사는 잎이 훨씬 크다. 상림에서 나무의 삶을 보며 이웃과 더불어 사는 법을 배울 수 있었다.

상림에는 그네를 만들어 어린이들이 놀 수 있게 마련해둔 공간이 있다. 그네가 있는 곳에는 아주 넓은 잔디가 있고, 그 옆에는 느티나무숲이 있고, 느티나무 아래에는 흙이 있다. 나는 이런 공간이 이곳을 찾는 사람들에게 아주 중요한 공간이라 생각한다. 숲은 현대인에게 중요한 치유의 공간이다. 사람들이 숲을 찾아 피톤치드를 마시며 정신을 맑게 할 수도 있지만, 피톤치드만큼 중요한 것은 생명의 근원을 깨닫는 일이다. 상림을 찾는 사람들은 그네가 있는 곳에서 흙과 나무와 풀과 하늘을 마음껏 체험할 수 있다. 사람들이 이런 공간에 잠시 머물 수 있게 해주는 것만으로도 상림은 제 역할을 다하는 셈이다.

상림을 나오면서 위천의 자연생태를 살피는 것도 잊지 않았다. 강과 하천에 나무와 풀이 살아 있어야 생명체들이 살 수 있다. 또 강과 하천에 물이 흘러야 인간이 살아남을 수 있다. 그래서 강과 하천

위천

주변에 사는 나무와 풀을 함부로 베는 행위는 물을 마르게 하고, 결국 사람의 목숨까지 위협하는 것과 다름없다. 다행히 위천에서는 나무와 풀 덕분에 생명체들이 잘 살아가고 있다. 그 덕분에 이곳에 사는 사람들도 그 생명력을 함께 나눌 수 있으리라.

경기도 화성 융릉과 건릉

정조의 효심

숲에 잠들다　　　　　　　　2009년 6월 30일, 조선왕릉 40기
　　　　　　　　　　　　가 유네스코 세계유산에 등재됐
다. 세계유산으로 인정받은 조선왕릉의 가치는 아주 높다. 사람들은
조선왕릉의 가치를 왕릉의 전체적인 형태와 석물의 예술적 표현, 또
는 조선시대 풍수 이론의 해석과 적용에서 찾는다. 그런데 나는 조선
왕릉의 가치를 평가할 때 자연생태적 측면을 충분히 고려해야 한다
고 생각한다. 직접 가보면 조선왕릉의 생태적 가치를 금방 체감할 수
있다. 조선왕릉은 가야나 신라의 왕릉과 달리 울창한 숲에 조성돼 있
다. 그래서 숲을 보지 않고는 조선왕릉의 가치를 제대로 논할 수 없다.

용주사와 정조

화성 융릉과 건릉은 내가 찾은 조선왕릉 중에서도 가장 독특하고 인상 깊었던 곳이다. 그러나 융릉과 건릉으로 가기 전에 먼저 경기도 화성시 용주사에 들러야 했다. 그래야만 융릉과 건릉의 주인공을 만날 수 있기 때문이다. 이곳에는 신라 문성왕 때 창건된 갈양사가 있었으나, 병자호란 때 불탄 후로는 제구실을 못했다. 그후 이 사찰은 조선 제22대 임금 정조가 아버지 사도세자의 능을 화산으로 옮길 때 복원됐다. 정조가 아버지에 대해 집착에 가까울 정도로 관심을 기울였던 이유는 영조의 둘째 아들로 태어난 사도세자가 아버지의 명으로 뒤주에 갇혔다가 여드레 만에 죽었기 때문이다. 정조는 아버지의 억울한 죽음을 인정할 수 없었다. 정조는 보경스님으로부터 부모은중경父母恩重經 설법을 듣고 감동하여, 부친의 넋을 위로하고자 이 사찰을 중건했다. 정조가 중건식 날 저녁에 용이 여의주를 물고 승천하는 꿈을 꿨기에 용주사라는 이름이 생겼다. 용주사는 정조가 오로지 아버지를 위해 세운 절이다.

융릉·건릉 둘레길

1789년 정조는 즉위 13년 만에 양주 배봉산에 있던 부친의 능을 화산花山으로 옮기고, 현륭원顯隆園이라 불렀다. 1815년 모친 혜경궁 홍씨가 세상을 떠나자 1816년 현륭원에 합장됐다. 1899년 고종은 사

용주사 입구 정조가 중건식 날 저녁에 용이 여의주를 물고 승천하는 꿈을 꿨기에 용주사라는 이름이
생겼다. 용주사는 정조가 오로지 아버지를 위해 세운 절이다.

도세자를 장조로 추존해 묘호를 장종莊宗으로 올렸다. 그래서 융릉隆陵이란 이름이 생겼다. 건릉은 정조의 능이다. 건릉도 융릉과 마찬가지로 정조와 부인 효의왕후 김씨를 합장한 무덤이다. 건릉은 아버지 사도세자의 능인 융릉과 입구는 같으나 반대편에 있다. 그래서 융건릉으로 가는 길은 같은 입구로 들어가 한 바퀴 돌아서 오는 둘레길이다.

정조는 자나깨나 원통하게 숨진 아버지를 생각했다. 그는 아버지가 보고 싶거나 전날 밤 꿈자리가 좋지 않으면 반드시 용주사에 들렀다. 어느 더운 여름날 정조는 현륭원을 참배하고 나서 주위를 돌아보고 있었다. 그때 정조의 눈에 송충이가 솔잎을 갉아먹는 장면이 들어왔다. 정조는 송충이를 잡고는 비통한 마음으로 탄식하며 "네가 아무리 미물일지라도 이렇게 무례할 수 있느냐! 아버지께서 고통스럽게 살다 가셨는데 어찌 너까지 아버지를 괴롭히느냐"라고 하면서 송충이를 이빨로 깨물어 죽여버렸다. 주위 사람들은 정조의 이런 행동에 놀라 송충이를 모두 없애버렸다. 이 이야기는 정조의 효심이 얼마나 지극했는지를 알려준다. 한편, 조선시대에 왕릉 주변의 소나무를 보호하는 일은 비단 정조만이 아니라 모든 왕의 의무였다.

정조는 아버지의 무덤을 찾아갈 때 문무과 과거를 시행했을 뿐 아니라 민심을 살폈다. 백성들은 임금이 행차할 때 자신들의 억울한 사정을 호소하곤 했다. 정조는 재위 기간 동안 13번이나 융릉을 찾아 그 지역의 민심을 살폈다. 이는 임금의 중요한 정치 행위였다. 나는 융

건릉을 보러 가면서도 숲을 만나러 갔다. 숲을 만나러 가는 길은 정조가 아버지를 뵈러 갔을 길만큼 아름다웠다. 사도세자를 그린 정조의 애틋한 사랑 덕분에 우리는 아름다운 숲을 만날 수 있게 됐다.

융릉과 건릉에서 만난 나무

매표소에서 한 걸음 내디디면 앞이 바로 소나무숲이다. 상쾌한 소나무 향기가 무더위를 잊게 했다. 입구의 소나무들은 넓은 공간에 살고 있어서 빈 곳에는 풀들이 무성하다. 소나무와 파란 풀이 멋진 조화를 이루는 장면은 소나무숲에서 찾아보기 어렵다. 소나무는 다른 생명체와 공생하기를 꺼리기 때문이다. 솔향에 취해 걷다보면 금방 갈림길이 나온다. 어디로 갈지 정해야 한다. 어느 쪽이든 한 바퀴를 돌 수 있는데, 나는 왼쪽 길로 들어갔다. 융릉으로 가는 오른쪽 길로 먼저 가지 않은 이유는 건릉으로 가는 왼쪽 숲길이 훨씬 멋있어 보였기 때문이다. 건릉으로 가는 길은 약간 내리막길이라서 한눈에 숲이 많이 들어오는 반면, 융릉으로 가는 길은 평지라서 한눈에 숲이 적게 들어온다. 더욱이 건릉으로 가는 길 입구에서는 상수리나무숲을 만나지만, 융릉으로 가는 길에서는 소나무숲을 만난다. 왕릉 입구에서 상수리나무숲을 만나는 일은 아주 드물기에 나는 낯선 곳을 선택했다.

건릉까지 가는 길은 500미터 남짓이지만, 상수리나무숲은 건릉

융건릉 입구 소나무숲

이 전혀 보이지 않을 정도로 울창하다. 여름 햇살에 빛나는 상수리나무 잎의 향연이 가슴을 뛰게 했다. 나무의 허리를 비집고 들어온 햇살은 상수리나무 그림자를 땅에 드리우고, 그림자로 땅에 내려앉은 상수리나무는 사람 발자국 소리로 세상 얘기를 듣는 듯하다. 상수리나무숲길은 굽었다. 비켜서서 숲길을 바라보니 숲의 옆선이 무척 매혹적이었다. 이처럼 곧은길보다 굽은 길이 아름다워 보이는 이유는 곡선이 사람의 마음을 편하게 해주기 때문이다. 게다가 굽은 길은 단조롭지 않다. 그런데 내가 굽은 길을 좋아하는 진짜 이유는 굽은 길이 품고 있는 신비로움 때문이다. 곧은길을 갈 때는 쭉 뻗은 앞을 보며 걸어갈 수 있지만, 굽은 길을 갈 때는 일정 거리까지만 내다볼 수 있을 뿐 좀더 먼 앞길은 알 수 없다. 앞길을 모르면 답답할 수 있지만 앞길을 전부 알면 상상의 여지가 줄어든다. 반면 굽은 길로 가면 상상력이 발휘되므로, 나는 그런 기회를 즐긴다.

상수리나무 가지를 뚫고 들어온 빛 덕분에 나무 옆에는 풀들이 많이 살고 있다. 나무 옆에 살고 있는 풀은 양탄자처럼 곱고 아름다웠다. 풀을 밟고 나무 사이를 뛰어다니는 상상만으로도 가슴이 충만해졌다. 상수리나무숲에서는 소나무숲에서 볼 수 없는 독특한 놀이를 즐길 수 있는데, 이른바 '나무 그림자 놀이'다. 건릉 입구 상수리나무숲에서는 나무와 나무 사이가 좁지 않아 해가 뜨면 나무 그림자가 파란 풀 위에 내려앉는다. 그 모습을 보니, 나무를 올려다볼 때는 보지 못했던 놀라운 광경이 펼쳐졌다. 풀 위에 내려앉은 나무들은 다

건릉 입구 상수리나무숲

른 나무들의 몸에 머리를 대고 누워 있는다. 나무들이 그림자를 만들어 다른 나무에 기대는 이유는 그들의 삶이 그만큼 힘들기 때문일지도 모른다. 나무들도 살면서 옆의 친구들에게 기대고 싶겠지만, 기대는 순간 생존이 어려울 수도 있기에 그럴 수가 없다. 그러나 속으로는 얼마나 기대고 싶을까. 그래서 나무들은 그림자를 만들어 친구들의 어깨에 살짝 기대는 것일지도 모른다.

상수리나무숲은 건릉까지 이어진다. 건릉 입구에 상수리나무를 언제부터 심었는지는 알 수 없지만, 한 가지는 분명하다. 정조는 다른 왕들보다 왕릉에 나무를 심는 데 각별한 관심이 있었을 뿐 아니라 나무의 특성에 대해서도 남다른 지식을 갖췄다. 정조는 1798년 승지 채홍원에게서 능 주변에 나무가 적다는 보고를 받자 격노하면서 다음과 같이 조치를 내렸다. 『정조실록』 1798년 7월 9일자 기사를 보면 나무에 대한 정조의 식견을 짐작할 수 있다.

무릇 소나무를 심고 상수리나무를 씨 뿌리는 법을 보건대 봄에는 파종해야 하고 가을에는 심어야 하는데, 구역 안의 여러 곳을 수시로 순찰해 조금 성긴 곳에는 소나무를 심고 너무 공허한 곳에는 상수리나무를 씨 뿌리면서 재배에 노력해야 할 것이니, 이 방법대로만 해나간다면 아무리 소모시키려 한들 그렇게 되겠는가. 그리고 설사 하인배가 난방용 장작으로 탐을 낸다 하더라도 도끼질한 흔적에 따라 잡아내면 될 것인데 이 숫자 역시 구우일모에 지나지

상수리나무숲 나무 그림자 나무들도 살면서 옆의 친구들에게 기대고 싶겠지만, 기대는 순간 생존이 어려울 수도 있기에 그럴 수가 없다. 그래서 나무들은 그림자를 만들어 친구들의 어깨에 살짝 기대는 것일지도 모른다.

않을 것이다. 그리고 듣건대 씨 뿌리고 심을 때 주위의 나뭇가지와 잎을 잘라주면 오히려 싹트고 자라는 데 도움이 된다고 하는데, 하인배의 입장에서도 충분히 혜택을 받는 일이 될 것이니, 이 어찌 공사公私 양쪽 모두에 편리한 일이 아니겠는가.

　해조로 하여금 각 능의 관원을 엄히 단속해 올해 가을과 겨울부터 오로지 씨 뿌리고 심는 데 뜻을 두게 하고 매년 3월과 10월에 그 숫자를 보고해오도록 해야 할 것이다. 그런 다음에 해조에서 별단別單으로 초기草記해오면 향축香祝을 받든 헌관獻官이나 봉심하는 승지 혹은 사관史官이나 선전관 중에서 추첨해 과연 그 숫자대로 소나무를 심었는지 고찰케 한 뒤에 그 근무의 성실도에 따라 상을 주고 징계를 내려야 할 것이며, 상수리나무를 얼마나 밀도 있게 씨 뿌렸는지에 대해서도 몇 년 간격으로 본보기를 뽑아 자세히 살펴보도록 해야 할 것이니, 이러한 내용으로 분부해 각각 재실齋室 벽에 써서 붙여놓도록 하라. 그리고 근무 성적을 평가할 때 이것을 가지고 등제等第를 기록한다면 필시 별도로 금품을 강요하는 폐단이 있게 될 것이니 이 한 조목은 그냥 놔둬라.

　융릉으로 내려가는 소나무숲길 주변에는 소나무만 있고 풀이 거의 없다. 그래서 이 길은 건릉으로 가는 길보다 단조로웠지만, 솔향이 단조로움을 한 방에 날려버렸다. 융릉 앞에 도착하니 가래나뭇과의 가래나무 한 그루가 입구에서 나를 맞이했다. 『정조실록』에 능의 제사에 사용되는 건물인 원침園寢 주변에 가래나무를 심었다는 기록이 있으니, 융릉 입구에 있는 가래나무는 분명 능을 지키는 수호신이다. 융릉은 건릉과 마찬가지로 능 앞이 온통 잔디밭이고, 주변은 울창한 숲이다. 울창한 숲은 주로 소나무로 이뤄져 있지만 자세히 보니 상수리나무를 비롯해 다양한 종류의 나무가 함께 살고 있다. 능 주변을 빙빙 돌면서 나무 한 그루 한 그루를 만나다보니 시간 가는 줄 몰랐다. 능 앞은 잔디이고 능 주변은 숲으로, 능은 푸른색 일색이다. 이토록 아름다운 무덤이 세상에 또 있을까.

조선 왕과 왕비를 만나다

종묘의 조영　　　　　종묘는 조선시대 역대 왕과 왕비
의 신주를 모신 유교 사당으로, 유
네스코 세계유산으로 지정됐다. 1394년 이성계는 한양에 수도를 정
한 직후 궁궐 동쪽에 종묘 건립을 지시했다. 자신과 자신의 조상, 그
리고 이후에 있을 후손들의 신주를 모시는 일이야말로 어떤 국사보
다 중요했기 때문이다. 1398년에는 종묘 남쪽이 허해 이를 보완하
고자 가산假山이 조성됐다. 가산은 '가짜 산', 즉 인공으로 만든 산으로
'조산造山'이라고도 한다. 이는 한국 전통의 비보裨補, 즉 부족한 땅기운
을 메우는 풍수에 따른 것이다.
　　종묘는 조선 왕가의 신주를 모시는 거대한 공간으로 유교 국가

에서 중시하는 조상 모시기를 극적으로 보여주는 문화재다. 또한 나라에서 제사를 지낼 때 연주하는 음악인 종묘제례악을 구현하는 공간이기도 하다. 종묘의 진정한 가치를 파악하려면 각종 건물을 포함한 조영造營을 함께 고려해야 한다. 한국의 조영은 건축물만이 아니라 자연생태까지 포함한다. 종묘는 그 자체로 거대한 숲이다. 종묘에서는 건축물과 더불어 숲이 그 어떤 공간보다 신성하다. 그래서 숲이 없는 종묘는 상상할 수 없다.

종묘에서 만난 소나무

나는 종묘에 들어가자마자 종묘를 설명하는 안내문 앞에서 소나무를 가장 먼저 마주했다. 종묘 안내문 앞 소나무는 이곳 숲의 상징이다. 숲은 시대에 따라 상당한 변화를 겪었지만, 종묘 건립 당시의 수종은 대부분 소나무와 잣나무였다. 소나무와 잣나무를 주된 수종으로 삼은 이유는 이곳이 왕과 그 가족을 위한 신성한 공간이었기 때문이다. 종묘는 철저한 위계질서를 구현하는 공간이다. 그러니 왕의 무덤에 소나무를 심듯 왕의 신주를 모신 종묘에도 소나무를 심는 일은 자연스럽다. 종묘가 소나무숲을 이루고 있었다는 사실은 『중종실록』과 『숙종실록』에서 확인할 수 있다. 중종 6년1511에는 종묘 담 안의 소나무가 불타서 신을 위로하는 안신제安神祭를 지냈으며, 숙종 8년1682에는 광풍이 갑자기 일어나 종묘의 소나무 80여 그루가 넘어졌다고 한다.

종묘 전경 한국의 조영은 건축물만이 아니라 자연생태까지 포함한다. 종묘는 그 자체로 거대한 숲이다. 종묘에서는 건축물과 더불어 숲이 그 어떤 공간보다 신성하다. ©배정현

종묘 숲의 천이

종묘 숲의 수종은 시간이 지남에 따라 달라졌다. 종묘 건립 당시에는 소나무와 잣나무를 비롯한 침엽수가 중심을 이뤘다. 하지만 지금은 참나무가 중심을 이루고 있다. 종묘 숲에서 나무 종류가 바뀐 이유는 침엽수가 참나무와의 경쟁에서 밀렸기 때문이다. 이러한 식물 군집 변화를 천이遷移라고 한다. 어떤 생명체든 경쟁에서 벗어날 수 없다. 식물 군집에서 경쟁의 승패는 땅을 얼마큼 점령하는가에 달렸다. 식물은 종족의 번식을 위해 땅을 확보해야만 한다. 식물은 자신만의 땅을 확보하지 않고서는 생존할 수 없다. 동물과 달리 식물은 땅이 없으면 다른 곳으로 이동해서 살아갈 수도 없다. 그래서 식물 세계에서는 가장 빠른 시일 내에 자기 영토를 확보하는 자가 승리한다.

종묘에 참나무가 많이 사는 이유는 참나무가 소나무보다 성장이 빠르고 번식력이 강하기 때문이다. 참나무 중에서도 갈참나무, 상수리나무, 굴참나무 등은 잎이 넓은 나무라서 성장에 필요한 영양분을 충분히 만들 수 있다. 그러나 바늘잎 소나무는 비옥한 땅에서는 잘 자라지 않는다. 춥고 척박한 곳에서 잘 자라는 소나무는 잎을 떨어뜨리고 씨를 날려 후손을 많이 만들어야 하는데, 참나무와의 대결에서는 이길 수가 없다. 인력으로 소나무를 보호하지 않는 한 종묘의 소나무는 다른 나무와의 경쟁에서 늘 밀릴 수밖에 없다. 소나무는 숲의 천이 과정에서 극상림極相林의 참나무 종류와 서어나무가 등장하면서 점차 경쟁력을 잃기 시작한다. 숲의 마지막 단계에서 나타나는 참

나무 종류와 서어나무 등은 햇볕이 적은 곳에서도 잘 자라는 음수인
데다가 넓은 잎으로 햇볕을 빨아들여 소나무의 영역까지 침범해버
린다. 이에 따라 소나무는 더이상 삶의 영역을 확대하지 못하고 점차
사라질 가능성이 높다.

종묘 숲에 참나무 종류가 많다는 것은 이 나무 열매를 먹고 사는
동물, 즉 다람쥐나 청설모도 많다는 뜻이다. 식물은 다람쥐와 청설모
에게 양식을 제공하는 대신 다람쥐와 청설모는 식물의 번식을 돕는
다. 이러한 양자 간 관계가 조화를 잘 이룰 때, 아름다운 생태가 유지
된다. 반대로 생명체 간의 균형이 깨지면 세계는 불안정해지므로 평
등한 관계는 오랫동안 유지될 수 없다. 종묘의 신성한 공간도 참나무
가 점령을 계속하면 위험해진다. 따라서 참나무가 종묘 숲을 독점하
는 단계에 접어들기 전에 숲의 수종에 대해 진지하게 고민해야 한다.

종묘에는 참나무 외에도 다양한 나무가 산다. 갈참나무 옆 때죽
나무와 무궁화도 그중 하나다. 우리나라 국화인 무궁화는 어느 곳에
서든 쉽게 발견할 수 있고, 때죽나뭇과의 때죽나무는 같은 과의 쪽동
백나무와 더불어 정원에서 흔히 볼 수 있다. 정원을 조성할 때 사람
들은 대부분 화려한 꽃을 피우는 나무를 즐겨 심는다. 그러나 원칙적
으로 종묘에 꽃을 즐기고자 나무를 심는 일은 바람직하지 않다. 종묘
에 소나무와 잣나무를 심는 이유는 그 나무들이 왕과 선비를 상징하
기 때문이기도 하지만 종묘가 죽은 사람을 위로하는 공간이기 때문
이다. 죽은 사람을 위로하는 공간에 화려한 꽃이 피는 나무와 풀을

심는 일은 삼가야 한다. 화려한 꽃이 피는 나무로 장식하는 창덕궁이
나 경복궁 후원과 달리 종묘의 건물과 담에는 화려한 꽃이 피는 나무
를 장식하지 않는다.

정전의 위엄

종묘의 중심 건물인 정전의 위엄
은 돌로 쌓은 기단 위에 나무로 지
은 건물에서 나온다. 돌과 흙과 나무로 구성된 종묘는 이 세상에서
가장 완벽한 자연생태이자 인문생태다. 종묘 정전 안에는 왕과 왕비
의 혼이 있다. 그들은 죽었지만 결코 죽지 않았다. 후손들이 혼들과
끊임없이 소통하고 있기 때문이다. 정전 앞마당에는 나무가 한 그루
도 살고 있지 않다. 그래서 마당은 훨씬 넓어 보이면서 엄숙한 분위
기를 풍긴다. 정전 마당에 있는 돌 사이사이에는 풀들이 살고 있다.
겨울이 지나면 이곳 풀들도 파릇파릇 잠에서 깨어나 혼령들을 위로
할 것이다.

종묘에는 연못이 두 곳 있다. 연못 주변 나무들은 연못을 사랑할
수밖에 없다. 그래서 물 가까이 자꾸 가지를 뻗는다. 생태적 관점에
서 나무가 연못 중심부로 가지를 뻗는 이유는 경쟁자가 없는 빈 공간
이라서 나무가 성장하기에 좋은 조건을 갖추고 있기 때문이다.

물은 생명의 원천이다. 나무도 물을 만드는 존재다. 이 세상에
나무가 없다면 인간을 비롯한 다른 생명체들은 마음껏 물을 마실 수

없을 것이다. 나무가 있는 곳에는 언제나 물이 있다. 하늘에서 내려오는 비를 가장 먼저 맞이하는 생명체도 나무다. 나무는 몸속에 물을 품어 자신을 살리고 몸속의 물을 밖으로 내보낸다. 나무의 몸밖으로 나온 물은 다른 생명체들을 살린다. 종묘 연못가 나무들은 연못의 물로 살아가고 하늘에서 받은 물을 다시 연못으로 보낸다.

🌲

제주도 절물자연휴양림
긴박했던 역사의 현장

절물과 숲　　　　　　　　절물자연휴양림에서는 '자연 휴
양'의 진정한 의미를 느낄 수 있
다. 이곳 자연휴양림의 가치는 '절물'에서 확인할 수 있다. 절물은 절
의 물이라는 뜻인데, 자연휴양림에 있는 약수암의 물이 좋아서 붙은
이름이다. 물을 약으로 생각할 정도면 그만큼 이곳의 숲과 토양이 좋
다는 말이다.

　절물자연휴양림에는 소나무 같은 바늘잎나무보다는 잎이 큰 나
무가 많다. 이곳 기후가 따뜻하기 때문이다. 나무는 추울 때만 잎을
떨어뜨리지 않는다. 특히 온대지방이나 열대지방의 나무는 건강 상
태가 좋지 않을 때도 잎을 떨어뜨린다. 내가 여름에 절물휴양림을 찾

았을 때, 잎이 큰 나무가 잎을 떨군 것도 아마 건강 상태가 좋지 않아서일 것이다. 떨어진 잎은 죽은 모습을 하고 있지만 죽음은 곧 새로운 생명을 잉태한다. 숲은 삶과 죽음이 공존할 때 건강하다. 낙엽은 죽음을 통해 삶을 유지하게 하는 중요한 존재다. 절물 숲속 낙엽은 바람에 실려 계곡에 모였다. 계곡에 모인 낙엽은 물속 생명체를 위한 서식처가 돼주거나, 새로운 생명체를 잉태하는 거름으로 작용한다.

삼나무숲, 역사를 간직하다

절물자연휴양림은 역사의 현장이기도 하다. 시오름주둔소가 이를 증명한다. 1948년 4월 3일부터 1954년 9월 21일까지 제주도에서 일어난 이른바 '제주 4·3 사건'은 한국 현대사의 큰 아픔이다. 일본 패망 후 한반도를 통치한 미군정에 의해 친일 세력이 다시 등장하고, 남로당 제주도당 등이 남한 단독 정부 수립에 반대하는 과정에서 이 사건이 발생해 많은 제주도민이 희생당했다. 시오름주둔소 안내문에 따르면, 이 역사 현장은 사건 당시 한라산에 남아 있던 무장대를 막고 토벌하기 위한 경찰 초소였다. 당시 이곳에 살았던 나무들은 긴박했던 현장의 소리를 기억하고 있을 것이다. 제주 4·3 사건 당시 이 숲은 상당한 충격을 받았을 것이다. 이제 숲은 다만 고요해 보일 뿐이지만 그 속도 반드시 그러리란 법은 없다. 시오름 숲속 나무마다 당시의 상흔이 숨어 있는 듯했다.

시오름주둔소

숲 끝자락에 도착하면 절물자연휴양림의 대표 나무인 낙우송과
의 삼나무가 반긴다. 제주도는 따뜻해서 삼나무를 흔히 볼 수 있다.
사람들은 감귤나무를 보호하려고 삼나무를 많이 심었다. 바다는 사
람들이 즐겨 찾는 곳이지만, 농사에는 좋지 않을 수 있다. 특히 소금
기는 농작물에 큰 피해를 준다. 그래서 농민들은 소금기 묻은 해풍을
막을 장치가 필요했다. 돌담과 함께 삼나무는 해풍을 잘 막아준다.
삼나무는 소금기에도 잘 견디는 데다 키가 크게 자라서 해풍을 막는
데 아주 적격이다.

빽빽한 삼나무숲길에서는 앞이 훤히 보이지 않는다. 그러나 숲

삼나무숲

길에서 앞이 보이지 않는다고 해서 앞이 캄캄한 것은 아니다. 숲은 앞을 완전히 보여주지 않고 일정한 시야만 내어준다. 인생도 마찬가지다. 앞이 훤하게 보인다고 해서 앞날이 밝은 것도 아니고, 앞이 훤하게 보이지 않는다고 해서 앞날이 어두운 것도 아니다. 숲은 인간이 노력한 만큼만 앞을 열어준다. 노력하시 않는 자에게는 앞을 보여주지 않는다. 숲은 나무를 존경하는 자에게 희망을 주지만, 나무를 무시하는 자에게는 오히려 고통을 준다. 오만한 자는 숲에서 길을 잃는다. 나무는 오만한 자에게 길을 열어주지 않기 때문이다. 그래서 숲에서는 언제나 경건한 마음으로 걸어야 한다.

🌲

아픈 역사를 기억하며 고개를 숙이다

삼릉의 매력　　　　　경주시 남산 자락에 위치한 배동
　　　　　　　　　　　　삼릉은 신라시대 경주 왕릉 중에
서도 자연생태와 무척 잘 어울린다. 남산 자락을 따라 올라가면 오른
편은 소나무숲이요, 왼편은 밭이다. 삼릉 소나무숲은 어떤 왕릉의 숲
보다 광활하다. 그래서 삼릉에 닿는 순간 소나무가 뿜어내는 피톤치
드 덕분에 심신을 치유할 수 있다. 삼릉에 가서 소나무 사이로 드러
나는 왕릉의 아름다움을 본 순간 가슴이 떨려왔다. 아니 삼릉을 제대
로 보려면 삼릉에서 온종일을 보내야 할 것 같았다. 그래야만 새벽,
아침, 점심, 저녁, 밤의 삼릉을 모두 볼 수 있기 때문이다.
　　삼릉의 아름다움은 왕릉과 소나무의 조화에서 찾을 수 있다. 소

나무는 삼릉의 아름다움을 드러내는 데 큰 몫을 담당한다. 왕릉이 곡선이듯 이곳 소나무도 곡선 형태를 띤다. 삼릉에 있는 소나무가 대부분 곡선으로 자라는 이유는 토양과 기후 때문이다. 안강읍을 비롯한 경주 일대의 소나무는 아주 척박한 토양과 해풍 등의 이유로, 주로 강원도나 경상북도 북부에 사는 금강소나무처럼 곧게 자라지 않고 곡선으로 자란다. 이런 소나무를 안강형 소나무라 부른다. 사람마다 안강형 소나무를 보고 느끼는 바가 다르겠지만 나에게는 그 느낌이 하늘로 올라가려는 몸부림으로 다가왔다.

삼릉은 신라 8대 아달라왕, 53대 신덕왕, 54대 경명왕인 박씨 3왕의 능으로 전해지지만, 신라 초기 왕인 아달라왕의 왕릉이 이곳에 있다는 것부터가 의문이라서 이는 그저 하나의 설에 지나지 않는다. 그래서 아직도 삼릉의 주인이 누군지조차 모른다. 왕릉을 발굴해야 무덤 주인을 알 수 있고, 혹 발굴하더라도 증거가 나오지 않으면 무덤 주인이 누구인지 알지 못하니 현재로서는 삼릉을 신라의 왕릉쯤으로 생각할 수밖에 없다. 왕릉 주변에는 몸이 꺾인 소나무가 살고 있다. 그 소나무는 인간의 도움 없이는 곧게 설 수조차 없는 처참한 신세였다. 신라 말기, 풍전등화 같았던 신덕왕과 경명왕의 처지가 아마도 이 꺾인 소나무와 같지 않았을까.

삼릉의 소나무 왕릉 주변에는 몸이 꺾인 소나무가 살고 있다. 신라 말기, 풍전등화 같았던 신덕왕과 경명왕의 처지가 아마도 이 꺾인 소나무와 같지 않았을까.

경애왕릉 가는 길

경애왕릉은 삼릉의 조그마한 개울 건너편에 자리잡고 있는데 신라 왕릉 중에서도 사람들의 발길이 뜸한 편이다. 삼릉에서 경애왕릉으로 가는 길이 지척이지만 나라를 잃은 임금에 관심을 기울이는 사람은 많지 않은 모양이다. 그래서 경애왕릉은 무덤이 소박할 뿐 아니라 관리조차 제대로 되지 않고 있었다. 신라를 망하게 한 임금이라는 멍에에서 영원히 벗어나기 힘들지도 모를 이가 경애왕이다. 그래서인지 그 무덤으로 가는 길은 참 멀고도 멀게 느껴졌다. 경애왕은 견훤에게 습격을 받아 처참하게 생을 마쳤다. 역사에서 교훈을 얻고자 한다면 경애왕에 대해 더 많은 관심을 가져야 한다. 역사적 교훈을 일깨우는 데는 나라를 망하게 한 왕도 국세를 떨친 왕만큼이나 유익하다. 경애왕릉으로 가는 길은 소나무숲길이다. 슬픈 역사의 현장으로 가는 길이지만, 소나무숲 사이로 난 길은 그 자체로 아름다웠다.

경애왕릉으로 가는 길에는 소나무 말고도 다른 나무와 풀이 꽤 많이 산다. 삼릉과 경애왕릉 사이에 햇살이 길게 들어오는 틈이 약간 있어서일 것이다. 이처럼 식물은 틈만 나면 삶의 공간을 확보한다. 경애왕릉에 도착했을 때 내 눈길을 끈 것은 무덤 입구에 있는 소나무의 자식들이었다. 씨앗이 떨어져 탄생한 어린 소나무가, 슬픈 역사의 현장에서 더욱 싱싱하게 보였다. 나는 소나무를 뒤로한 채 경애왕릉을 향해 고개를 숙였다. 나는 남의 무덤을 향해 좀처럼 고개를 숙이지 않는다. 그런데 내가 경애왕릉에서 고개를 숙인 이유는 이곳이

경애왕릉 소나무숲길

'배리拜里', 즉 절하는 동네이기 때문이다. 17세기 중엽에 나온『동경잡기東京雜記』에서는 배리의 전설을 이렇게 적는다.

신라시대 사람들은 불사佛事를 다투어 숭배해 부모가 돌아가신 날에는 반드시 승려를 청해 밥을 대접했다. 이 때문에 당시 사람들은 부모 기일을 승재僧齋라 불렀다.

늙은 재상 한 명이 친한 승려에게 말했다.

"내일이 내 선친 기일이니 자네가 힘써 고승을 찾아서 모셔와 주게."

그 승려가 과연 늙은 중을 데려왔는데, 그를 살펴보니 고승 같지 않았다. 재상이 화가 나서 그 늙은 중을 꾸짖으며 말했다.

"당신이 어찌 고승이란 말이오?"

이에 승려가 노해 일어나서 소매를 떨쳤다. 그러자 새끼 사자 한 마리가 소매에서 나와 승려가 곧 그것을 타고 하늘로 날아올라 가버렸다. 재상이 비로소 그 신이함을 깨닫고 쫓아갔지만 승려는 날아서 사라산舍羅山으로 들어갔다. 재상이 잘못을 뉘우치며 온종일 산 아래에서 사라산을 바라보며 절했으므로 그 아랫마을을 배리라 불렀다.

삼릉과 경애왕릉이 위치한 곳이 배리이니만큼 무덤 앞에서 고개를 숙여 자신을 깊이 성찰한다면 역사적 인물도 한층 더 깊이 이해할 수 있을 것이다. 역사적 인물에 대한 평가는 한 사람의 삶에 대한 평가일 수밖에 없다. 그리고 역사적 인물을 평가하는 이유는 죽은 사람의 삶을 통해 자신의 삶을 바라보기 위해서다. 천 년 전 무덤 앞에서 고개를 숙이는 것 역시 죽은 사람을 애도하기 위해서만은 아니고 자신을 향한 반성의 몸짓이기도 하다. 그래야만 죽은 사람과 이별하면서 돌아오는 발걸음이 조금이나마 가벼울 것이다.

강원도 횡성 청태산 잣나무숲

이성계를 사로잡은 산

바위 위에 앉아서 먹은 왕의 점심

소나뭇과의 잣나무는 추운 곳에서 살아야만 아주 싱싱한 잣을 만든다. 한국인이 잣나무를 사랑하는 이유도 추운 곳에서 굳건히 살아가는 잣나무의 기상 때문이다. 내가 사는 남쪽과 달리 강원도에서는 잣나무의 기상을 제대로 볼 수 있다. 잣나무숲 중에서 으뜸은 청태산靑太山이다. 청태산은 강원도 횡성군에 있는 해발 약 1200미터의 높은 산이다. 이 산은 조선을 건국한 태조 이성계와 관련이 있다. 이성계는 관동 지방, 즉 강릉에 가는 도중에 잠시 청태산에서 휴식하면서 횡성 수령에게 점심 대접을 받았다. 그런데 먹을 자리가 마땅치 않아 푸른 이끼가 있는 큰 바위에서 점심을 먹었다. 이성계는 이곳의 아름다운 산세에 반하고 큰 바위에 놀라 청태산이란 휘호를 직접 써서 횡성 수령에게 하사했다. 청태산이라는 이름은 바위의 푸른 이끼에서 유래했지만, 청태산 자연휴양림 입구에서 처음 만나는 것은 바위의 이끼가 아니라 잣나무숲이다. 이곳 잣나무숲은 인공 숲으로 이끼보다 푸르렀다.

한국인의 기상, 잣나무와 기파랑

잣나무는 한국인의 기상을 상징한다. 신라의 화랑 기파랑은 잣나무에 서린 한국인의 기상을 상징적으로 보여주는 인물이다. 『삼국유사』 권2 「기이편紀異篇」에 실린 「찬기파랑가讚耆婆郎歌」는 신라 경덕왕 때 충담忠談이 기파랑을 추모해 지은 10구체 향가다. 마지막 구절에 "아아, 잣나무 가지 높아/ 서리 모르시올 화랑의 우두머리시여"와 같이 잣나무가 등장한다.

한국 사람들이 잣나무를 이토록 사랑한 이유는 이 나무가 귀한 잣 열매를 주기도 하지만 소나무 이상으로 푸른 잎을 만들기 때문이다. 잣나무는 소나무에서 태어났지만 부모보다 잎이 푸르다. 그래서 소나무와 잣나무가 함께 있으면 소나무 색이 잣나무 색에 묻힌다. 소나무와 잣나무의 관계는 쪽에서 나온 푸른 물이 쪽보다 더 푸른 '청출어람靑出於藍'과 같다. 그래서 나는 소나무와 잣나무의 관계를 '백출어송柏出於松'이라 부르고 싶다.

숲속 계곡물

나무 데크 입구에는 아주 작은 터널이 있어 휴양림 입구부터 사람들을 동심의 세계로 이끈다. 나무로 만든 터널은 숲에 드는 자들이 지나면서 마음을 정화하는 통로인지도 모른다. 나무 터널을 나와 터널이 궁금해서 가까이 가서 보니 이끼가 살고 있었다. 푸른 이끼는 청태靑苔라 부른다. 청태산의 원래 이름은 아마 푸른 이끼를 의미하는 청태산靑苔山이었을지도 모른다.

이곳 잣나무숲에는 다른 생명체도 많이 살고 있다. 잣나무와 더불어 사는 생명체를 보려면 땅을 바라봐야 한다. 많은 사람들이 숲에 오면 나무와 하늘을 보는 데 급급하지만 더불어 땅도 봐야 한다. 나무가 하늘을 향해 높이 자라나는 이유는 땅에 뿌리를 박고 있기 때문이다. 땅을 바라보면 다른 생명체들이 잣나무와 어떤 관계를 맺는지 알 수 있어 더욱 새롭게 숲을 즐길 수 있다. 잣나무숲에는 뽕나무도 살고 뽕나무 옆에는 버섯이 살고 있다. 이곳 버섯은 잣나무 사이의 아주 작은 공간에서 살아가지만 생산자인 식물과 소비자인 인간이 배출한 것을 분해하는 중요한 존재다.

땅을 바라보면 잣송이를 곳곳에서 볼 수 있다. 누런 잎과 함께 떨어진 잣을 보노라니 나무 그늘에 누워 하늘을 바라보던 어린 시절이 떠올랐다. 엄마 품에서 떨어진 잣이 엄마가 떨어뜨린 누런 잎 위에 누운 모습이 무척 평화로워 보였다. 보라색 암꽃에 누런색 수꽃이 다가가면 잣이 열린다. 잎이 시들면 누렇게 변하는 것도 아빠 꽃을

청태산 입구 터널 나무로 만든 터널은 숲에 드는 자들이 지나면서 마음을 정화하는 통로인지도 모른다.

닮았다. 잣나무는 자식을 멀리 보내지 않고 자신이 만든 '노란 주단'으로 다시 땅에서 자식을 품는다. 땅에 떨어진 잣은 누워서 부모의 뿌리를 물끄러미 바라보는 듯했다.

이곳 잣나무숲에는 야외공연장이 있다. 최근 숲속 공연이 유행이지만, 숲은 인간이 악기를 연주하지 않아도 언제나 공연을 한다. 숲에서 나는 바람 소리, 나뭇잎 소리, 물소리, 새소리 등 각종 생명체의 움직임이 곧 예술이 된다. 그래서 굳이 특별한 공연을 보러 가지 않아도 나무의자에 앉아 있으면 위대한 자연의 공연을 만끽할 수 있다. 야외공연장 앞에는 아주 작은 개울이 있다. 한 부부가 개울에서 아기와 물놀이를 즐기고 있었다. 아기는 이곳 물을 만지는 순간 우주의 울림을 가슴으로 느낄 것이다.

청태산의 보물, 잣나무숲

나무 데크를 지나가면 흙길이 나온다. 흙과 풀과 나무가 함께 어우러지는 이 길은 무척 아름답다. 잣나무숲 길가에 떨어진 누런 잣나무 잎을 밟으니 비단처럼 부드러웠다. 이곳 숲길은 계곡을 끼고 있는데, 계곡으로 들어가는 갈잎나무숲은 왼편 잣나무숲과 아주 다른 느낌을 풍긴다. 잣나무숲은 어둡지만 갈잎나무숲은 밝다. 특히 햇살 머금은 갈잎나무숲은 마치 태초에 하늘이 열리는 순간을 연상케 할 만큼 환상적인 장면을 연출했다.

잣나무 열매 땅에 떨어진 잣은 누워서 부모의 뿌리를 물끄러미 바라보는 듯했다.

야외공연장 숲은 인간이 악기를 연주하지 않아도 언제나 공연을 한다. 숲에서 나는 바람 소리, 나뭇잎 소리, 물소리, 새소리 등 각종 생명체의 움직임이 곧 예술이 된다.

길을 바꿔 계곡으로 내려가면 다시 잣나무숲이 나온다. 계곡으로 내려가는 산길은 구불구불하다. 굽이굽이 돌아서 가는 산길은 산속을 자세히 들여다보게 한다. 곧은길에서는 한 방향만 보이지만, 굽은 길에서는 이곳저곳을 골고루 볼 수 있다. 길목에서는 참나뭇과의 신갈나무가 불청객을 맞았다. 잎으로 신발 깔창을 만들어서 신갈나무라는 이름이 붙었는데, 이 나무는 우리나라 어디서든 쉽게 만나는 친근한 나무다. 길가에는 잣나무를 비롯한 여러 나무의 가지가 흩어져 있었다. 나무는 빛을 찾아 하늘로 올라가는 데 불필요한 가지를 스스로 잘라버린다. 거추장스러운 가지를 버려야만 하늘을 향해 뻗어가며 오랫동안 살아갈 수 있다.

녹나뭇과의 생강나무 줄기가 앞을 가로막았다. 생강나무는 가지에서 생강 냄새가 나서 붙은 이름인데, 어떤 숲 해설가들은 이를 증명하고자 과감하게 가지를 꺾곤 한다. 식물학자의 연구로 충분히 알 수 있고, 전해줄 수 있는 지식인데 꼭 그렇게까지 해야 할까. 그런 내 상념과는 무관하게, 노란 꽃이 피고 나서 돋아나는 생강나무 잎은 햇빛에 반짝거렸다.

잣나무잎이 온통 땅을 붉게 만들어 계곡으로 내려오는 길은 붉다. 붉게 물든 길은 나쁜 기운을 막아줄 것이다. 계곡으로 내려오는 길은 짧지만, 다 내려오기까지는 아주 오랜 시간이 걸렸다. 물소리를 따라 굽이굽이 돌며 산속에 사는 모든 생명체와 천천히 눈을 맞추면서 내려왔기 때문이다. 한 아이가 계곡에서 정신없이 물총놀이

청태산 계곡

를 하고 있었다. 계곡에서 노는 아이는 잣나무처럼 씩씩하게 자랄 것이다.

경상북도 문경 단풍나무숲

과거 합격을 염원하며 넘던 고개

문경새재아리랑을 불러 고달픔을 달래다

백두대간 중심에 자리한 경상북도 문경시의 '문경聞慶'은 '좋은 소식을 듣는다'는 뜻이다. 무엇이 좋은 소식일까. 조선시대에는 과거 급제가 좋은 소식이었다. 문경을 대표하는 관광명소인 새재, 즉 조령鳥嶺은 영남대로의 핵심이었다. 경상도에서 서울로 과거를 치르러 가는 사람들은 모두 이 길을 넘어야 했고 이 길을 넘으면 바로 충청도를 지나 서울로 갈 수 있었다. 과거 응시자들이 해발 1000미터가 넘는 이 고개를 넘은 이유는 여기가 서울로 가는 지름길이었기 때문이다. 게다가 서울로 가는 또다른 길인 죽령竹嶺과 추풍령秋風嶺은 어감이 좋지 않았다. 죽령을 지나면 죽죽 미끄러지고, 추풍령을 지나면 추풍낙엽처럼 떨어질 것 같았다. 그래서 문경새재는 오르기 힘든 고개였지만 좋은 소식을 들을 수 있으리란 희망으로 넘는 고개이기도 했다.

지금은 길이 좋아 문경새재를 넘기가 어렵지 않지만 옛날에 새재는 정말 넘기 힘든 길이었다. 옛날 사람들은 노래를 불러 삶의 고달픔을 달랬다. 특히 아리랑은 힘든 삶을 살아가는 사람들이 고통을 예술로 승화한 노래로, 세계문화유산으로도 지정됐다. 요즘 문경새재 옛길이 인기를 끌고 있다. 새재를 찾는 사람들이 문경새재아리랑을 부르면서 걷는다면 훨씬 즐겁게 넘을 수 있을 것이다.

아리랑 아리랑 아라리요
아리랑 고개로 넘어간다

문경새재 물박달나무
홍두깨 방망이로 다 나간다

홍두깨 방망이는 팔자 좋아
큰애기 손끝에 놀아논다

문경새재 넘어갈 제
굽이야 굽이야 눈물이 난다

문경은 새재야 참싸리 낭구

꼬깜아 꼬지로 다 나가네

문경은 새재야 뿌억 싸리는

북어야 꼬지로 다 나가네

고대광실 높은 집도 나는야 싫어

울퉁불퉁 멍석자리 얕은 정 주세

맨발의 청춘   문경새재는 요즘 영화나 드라마 촬영지로 유명세를 얻고 있지만 그 품격은 흙길에 있다. 대한민국에서 문경새재처럼 흙길로 다닐 수 있는 산길은 드물다. 이곳에서는 맨발로 청춘을 만끽할 수 있다. 이 길을 걸은 사람이 도대체 몇 명일까. 무수히 많은 사람들이 걸었던 새재는 그냥 옛길이 아니라 역사의 길이다. 이 길에는 우리 민족의 애환이 고스란히 서려 있다. 문경새재는 오르막과 내리막의 느낌이 전혀 다르다. 나무를 올려다보는 것과 내려다보는 것이 다르기 때문이다. 올라갈 때는 나무가 상승하는 모습을 즐길 수 있고 내려올 때는 나무줄기를 감상할 수 있다. 올라갈 때는 작은 도랑과 함께 즐길 수

있고 내려올 때는 큰 계곡과 함께 누릴 수 있다.

　문경새재는 걸으면서 단풍을 마음껏 즐길 수 있는 곳이다. 단풍을 보니 문득 김영랑 시인의 「오매, 단풍 들겠네」가 떠올랐다. 단풍을 보고 놀라서 내뱉는 말 '오매'가 웃음을 자아낸다. 사람들이 단풍나무의 단풍에 감탄하는 이유는 어쩌면 붉은색이 주는 강렬한 인상 때문인지도 모른다. 붉은 단풍도 아주 붉은 잎부터 옅은 붉은 잎까지 다양하다. 나무 한 그루에서도 다양한 단풍잎을 볼 수 있으니 단풍나무의 매력은 끝이 없다. 단풍잎 사이로 옆에 있는 나무가 물든 모습을 바라보니 아름다움은 극에 이르렀고, 단풍잎 사이로 계곡물을 바라보니 아름다움은 극을 넘어 슬픔으로 변했다. 단풍은 아름다움이 절정에 달하면 곧 떨어질 터이니 어찌 슬프지 않으랴. 고진감래, 고생 끝에 즐거움이 오듯, 흥진비래, 흥이 다하면 슬픔이 오는 건 자연의 순리다. 그러나 슬픔이 오는 건 결코 불행이 아니다. 슬픔은 다시 기쁨을 잉태한다.

3부

사람과 숲

전라남도 광양 청매실농원

봄소식을 전하는 매화

**청매실나무를
찾아가는 길**

봄꽃 소식은 동면하던 사람들을 밖으로 나오게 한다. 한국 봄소식은 장미과의 매화가 담당한다. 추운 겨울을 이기고 꽃을 피우는 매화는 한국, 중국, 일본 사람들이 일찍부터 좋아한 사군자 중 하나다. 광양의 매화는 꽃받침이 푸른빛을 띠어서 사람들을 더욱 끌어들인다. 매화가 활짝 핀 모습을 보려면 날짜를 잘 맞춰서 가야 하는데, 매화를 비롯해서 나무의 꽃이 피는 시기를 알아맞히는 것은 아주 어렵다. 그래서 청매실농원에서 활짝 핀 매화를 보기가 여간 쉽지 않다.

나무를 만나러 가는 길은 그 자체로 행복한 여정이다. 그래서 나는 나무에 꽃이 얼마나 피었는지에 집착하지 않는다. 꽃이 만개했으면 만개한 대로 아름답고, 덜 피었다면 덜 핀 대로 아름다운 법이고, 아예 피지 않았더라도 가슴 아파할 이유가 전혀 없다. 나는 몇 차례 광양 청매실나무를 만나러 갔지만 한 번도 청매화가 만개한 시기에 맞추지 못했다. 만개한 꽃을 보지 못했다면 만개한 꽃을 보러 다시 청매실나무를 찾을 기회가 생긴다. 상춘객들로 차가 밀리더라도 상관없다. 차가 밀리는 동안 섬진강 물결을 구경하면서 봄을 즐기면 그뿐이다.

내가 다른 매실나무를 두고 이곳을 찾는 데는 이유가 있다. 일제강점기 율산 김오천은 광부 일을 해서 번 돈으로 이곳에 밤나무와 매실나무를 심어 가꿨다. 율산은 이곳에 밤나무를 심은 김오천에게 바쳐진 호다. 이곳을 찾은 또다른 이유는 김오천의 며느리인 홍쌍리가 시아버지의 뜻을 이어받아 이곳을 지금의 청매실농원으로 성장시켰기 때문이다. 나는 단지 매화만 보려고 청매실농원을 찾지 않았다. 매화를 군자로 삼아 사랑한 조선 선비들의 마음, 그리고 그 마음을 이어받아 매실나무를 가꾼 사람들의 정신을 만나고자 이곳을 찾았다.

**매화 사이로
섬진강을 바라보다**

청매실나무에 꽃이 피면 전국의 매화를 찾는 '심매尋梅'객들이 농원

청매화 ⓒ배정현

을 가득 메운다. 사람들이 많으면 불편한 점이 여럿 있긴 하지만, 즐거움은 전혀 줄어들지 않는다. 검은 가지에 활짝 핀 청매화는 매혹적이었다. 활짝 핀 꽃과 아직 피지 않은 봉오리가 함께 달린 가지를 보니 형언할 수 없는 감동이 밀려왔다. 특히 이곳 청매화는 섬진강 바람을 먹고 피어서인지 꽃향기에서 물 냄새도 함께 실려오는 듯했다.

청매실나무는 산자락에 살고 있다. 이곳 나무들은 크고 작은 바위와 함께 사는 게 특징이다. 바위와 매실나무는 한 폭의 수묵화처럼 잘 어울렸다. 계속 위로 올라가면서 청매실나무를 감상하니 평지에서 보던 것과는 또다른 매력이 느껴졌다. 다시 뒤를 돌아보면 섬진강이 한눈에 들어온다. 매화 사이로 섬진강을 바라보니 강 물결이 마음에 출렁였다. 매실나무를 한 그루 한 그루 탐하다가 올라가니 어느새 흥겨운 소리가 들려왔다. 농원에서는 심매객을 위해 잠깐잠깐 공연도 했다. 매화밭에서 우리 옛 가락을 듣고 있으면 섬진강 물결도 장단을 맞추는 듯하다. 카랑카랑한 판소리 한 대목에 맞춰 심매객들은 덩실덩실 어깨춤을 췄다.

청매실나무의 친구, 산수유와 왕대

농원 정상으로 가는 길에서는 노랗게 핀 산수유꽃이 발걸음을 멈추게 하고, 왕대숲이 마음을 비우게 한다. 왕대숲 옆 층층나뭇과의 산수유는 바위틈에 살면서 섬진강

왕대숲

바람을 온몸으로 품는다. 이곳 산수유는 개체 수가 많지는 않지만, 하늘을 노랗게 물들일 만큼 강렬하다. 산수유는 왕대숲을 향해 비스듬히 서서, 초봄의 하늘 기운을 마음껏 받는 모습이다. 고개를 섬진강으로 돌리면 산수유꽃이 마치 등대처럼 돋보인다.

왕대숲은 매실농원 매장으로 내려오는 길목에 있다. 왕대숲은 매실농원에 사는 사람들에게 추위를 막아주는 방풍림이지만, 심매객들에게는 마음을 정화해주는 '정화림'이다. 왕대숲을 멀리서 바라보니 마치 푸른 섬처럼 보였다. 농원에 있는 대나무뿐 아니라 매실나무 밑 보리도 푸르렀다. 대나무숲에서 섬진강을 바라보니 숲 앞 건물 옥상과 그 주변은 장독 천지로, 그 안에는 매실이 가득할 터였다. 장독 안의 매실주나 매실청은 생각만 해도 입속에 침이 고인다.

정자에 앉아   돌아오는 길에 언덕 위 정자에 들렀더니, 섬진강 봄바람이 가슴을 거칠세 후벼왔다. 정자로 가는 길 언덕 자락에 우뚝 선 해송도 섬진강 바람에 얼굴을 찡그린 듯했다. 정자에서 차 한잔 마시고 집으로 돌아오는 길, 농원 매장 앞에서 보호수로 지정된 매실나무를 만났다. 1917년 농원 설립자인 김오천이 직접 심은 매실나무다. 보호수 아래에도 장독이 즐비하다. 장독도 매화 향기를 맡으면서 매실을 발효시킬 것이다. 보호수 아래에서 하늘을 보니 꽃들이 바람에 춤을 췄다.

광양 청매실나무 농장을 나서면서 만난 홍매와 장독의 아름다운 모습 ⓒ배정현

햇살에 눈이 부셔 한쪽 눈을 감고 바라봤다.

집으로 돌아가려고 농원에서 내려오다 다시 고개를 들어 매실나무를 바라봤다. 많은 사람들이 한꺼번에 찾는 봄철, 나무도 무척 피곤했던 모양이다. 상춘객들이 떠나고 나면 매실나무는 한숨 돌리면서 한가한 시간을 즐길 수 있을 것이다. 혹 한가한 시간에 이곳을 찾으면 매실나무의 다른 모습을 볼 수 있을 터, 특히 매실이 익어가는 시절에 이곳을 찾는다면 또다른 매향을 만끽할 수 있다. 매향은 주로 매화의 꽃향기를 의미하지만, 나무의 향기는 꽃에서만 나오지 않는다. 나무의 향기는 때론 잎에서, 때론 껍질에서, 때론 열매에서 나기도 한다. 매실 향기는 꽃향기 못지않다. 매실은 장마철에 익어간다. 그래서 장마를 '매우梅雨'라 부른다. 매실이 익어가는 장마철에 매실 농장은 봄처럼 매향으로 가득할 것이다. 나무 옆에 앉아 열매 향기를 맡는 것도 열매를 따는 것만큼이나 행복한 일이다.

전라남도 장성 축령산 편백숲

지독한 나무 사랑이 만든 숲

아름다운 선각자, 춘원 임종국

요즘 '치유의 숲'이 각광받고 있다. 그만큼 현대인의 아픔과 상처가 많기 때문이리라. 왜 현대인은 아픔과 상처가 많은가. 이유는 많지만, 무엇보다도 현대인은 무능하지 않기 때문이다. 여기서 내가 말하는 무능은 능력이 없다는 뜻이 아니라 사람이 인위적으로, 혹은 억지로 자신의 능력을 발휘하지 않는다는 걸 의미한다. 현대인들은 매우 유능해서 자신의 능력을 마음껏 발휘하길 즐긴다. 이 과정에서 인간의 능력은 소진하고, 몸은 혹사당한다. 현대인은 자고 일어나면 스마트폰에 컴퓨터에 정신이 팔려 한순간도 쉴 틈이 없다. 그러니 아무리 튼튼한 몸인들 언제까지 견딜 수 있을까.

현대인의 삶은 불안의 연속이다. 한순간도 평온하게 보낼 수 없는 게 현대인의 일상이다. 모든 병은 불안에서 찾아온다. 불안하니 스트레스를 받는다. 그러나 숲으로 들어가는 순간, 마음이 평온해진다. 그래서 숲으로 들어가는 사람은 스스로 수양하는 것과 비슷한 효과를 얻는다. 옛 성인들이 대부분 숲이나 나무 아래에서 깨달음에 도달한 것도 바로 숲과 나무가 마음을 편안하게 해줬기 때문이다. 공자는 '치유緇帷에 있는 숲'을 지나다가 행단杏壇. 살구나무 언덕에서 쉬었다. 행단에서 공자는 거문고를 타면서 노래를 부르고, 제자들은 책을 읽었다. 『장자』 「어부」편에 나오는 내용이다. 또 석가는 보리수나무 아래에서 득도했다.

전라남도 장성군에 있는 편백숲은 전형적인 치유의 숲이다. 단지 이곳이 한국에서 편백이 가장 많이 자라는 곳이라서가 아니다. 숲을 조성한 사람의 숭고한 정신 덕분이다. 나무가 숲을 이루려면 적어도 수십 년이 걸린다. 그래서 인내심을 갖고 기다리는 사람만이 숲을 누릴 수 있다. 나무가 수십 년 동안 살아남으려면 온갖 풍파를 견뎌야 하므로, 숲을 조성하는 사람도 나무 이상으로 큰 고통을 겪을 수밖에 없다. 장성 편백숲은 한 인간이 숲을 만드는 데 어떤 희생을 감수하는지를 잘 보여주는 사례다. 그래서 이 숲은 숭고한 인간 정신의 표상이기도 하다. 지독한 나무 사랑이 아니면 결코 이 숲을 만들 수 없었을 것이다.

숲을 만든 주인공은 춘원春園 임종국林種國이다. 나는 이분의 이름을 보자마자 선생이 이름에서부터 나무와 깊은 인연을 맺고 있다는 것을 직감했다. 이름을 풀이하면 "나라에 숲을 심는다"는 뜻이다. 나는 장성 편백숲에 도착해서 선생이 왜 많고 많은 일 중에서 나무 심기에 빠졌을까, 왜 많고 많은 나무 중에서 편백에 빠졌을까를 생각했다.

임종국이 본격적으로 숲을 조성하기 시작한 것은 1956년부터다. 그는 우리나라의 헐벗은 산림을 복원하는 일이 자신의 임무라고 생각했다. 그가 먼저 심은 나무는 편백이 아니라 삼나무였다. 그는 자신이 소유한 1만 제곱미터의 땅에 삼나무 5000주를 심었다. 처음 실시한 조림에서 성공을 거두자 그는 자신감을 얻어 장성 북일면 문암리, 서삼면 모암리, 북하면 월성리 일대 등 새로 매입한 100만 제곱미터의 땅에 편백과 삼나무를 심었다. 그 두 종류가 조림 지역의 땅과 기후에 잘 맞기도 했지만, 무엇보다도 당시에 그 두 종류를 육종하는 기술이 있었기에 그는 편백과 삼나무를 선택했다. 편백과 삼나무의 원산지는 일본 혼슈 이남인데, 일제강점기에 조선총독부는 면마다 임업 묘포苗圃를 설치해서 사람들에게 편백과 삼나무를 육종하는 기술을 전수했다.

나무든 사람이든 무언가를 성장시키는 과정은 멀고도 험난하다. 조림도 처음엔 술술 잘 풀리는 듯했지만, 시간이 갈수록 임종국은 적지 않은 문제에 부딪혔다. 투자 비용을 감당하는 것도 주위 사람의 조롱을 견디는 일도 힘들었지만, 무엇보다 그를 힘들게 한 것은 1968년에 찾아온 극심한 가뭄이었다. 물을 많이 줘야 잘 성장하는 편백과 삼나무는 가뭄을 견디기 쉽지 않았다. 그러나 그는 나무를 살리려고 지게로 물을 져 날랐다. 그의 지극한 정성에 나무도 감복했는지 다행히 나무는 극심한 가뭄에도 죽지 않고 잘 자랐다. 1956년에 시작한 그의 조림 사업은 21여 년간 계속됐다. 그러나 그는 결국 조림에 필요한 자금을 감당하지 못하고, 사채업자와 채권자들에게 자신이 평생 가꾼 숲을 넘겨줘야만 했다. 그는 충격을 이기지 못하고 1980년에 뇌졸중으로 쓰러져 7년 간의 투병 끝에 세상을 떠났다.

임종국은 "나무를 더 심어야 한다. 나무를 심는 게 나라를 사랑하는 길이다"라고 유언했다. 임종국은 세상을 떠났지만, 그가 평생 일군 숲은 지금도 많은 생명을 구하고 있다. 적지 않은 암 환자들이 병을 치료하러 이곳을 찾는 것만 봐도 이를 알 수 있다. 산림청은 국립수목원 안에 있는 '숲의 명예전당'에서 그의 업적을 기리고 있다.

겨울철 편백숲에서 공자를 생각하다

나는 국립수목원에서 임종국의 발자취를 더듬고 나서 축령산 편백숲을 찾았다. 그의 유산인 축령산 편백숲 앞에 서면 선생의 위대함을 온몸으로 느낄 수 있다. 편백의 곧은 기상은 바로 선생의 고결한 정신이다. 숲에 들어서면 한 인간이 어떻게 이런 숲을 조성할 수 있을까 하는 의문이 들 만큼 숲의 웅장한 규모에 압도당한다. 축령산 편백숲으로 가는 길은 추암마을, 모암마을, 대덕 산촌생태마을 등 몇 군데가 있지만 나는 추암마을을 택했다.

어떤 숲을 가든 초입이 가장 힘들다. 몸이 아직 풀리지 않아서이기도 하지만 숲이 나오기까지 상당한 시간이 걸리기 때문이다. 장성 편백숲에 오르는 추암 여정도 마찬가지다. 조금 가파른 산길을 올라가야만 한숨 돌릴 수 있다. 특히 초행자인 두 딸에게는 초입에서 언덕까지가 가장 힘든 코스였다. 그래서 나는 겨울 햇살이 내리쬐는 산길을 걸어올라가는 두 딸이 마음에 걸려 몇 발자국 걷다가 뒤돌아보길 반복하지 않을 수 없었다. 그런 와중에도 편백을 비롯한 길가의 나무와 인사 나누는 걸 잊지 않았다. 내가 편백숲을 찾은 계절은 겨울이었다. 편백의 고귀한 기상은 여름보다 겨울에 더 잘 드러난다. 추암 여정에서는 숲 초입부터 편백과 만날 수 있다. 겨울에도 푸른 측백나뭇과의 편백은 가을에 잎이 떨어지는 갈잎나무 사이에서 한층 돋보였다.

언덕을 오르면서 뒤를 돌아보니 건너편 축령산이 한눈에 들어왔다. 소박하고 군더더기 없는 겨울 산의 아름다움을 만끽할 수 있었다. 화가에게도 겨울 산 나무는 좋은 소재다. 그래서 한국 산수화에는 어김없이 나목裸木, 잎을 모두 버린 나무이 등장한다. 그중 나는 화가 박수근의 〈나무와 두 여인〉을 좋아한다. 박수근의 이 작품은 박완서의 데뷔작인 『나목』이 탄생한 배경으로 더욱 세인의 관심을 끌었지만, 내가 축령산 편백숲에서 박수근의 작품을 기억한 데에는 다른 이유가 있다. 박수근은 임종국보다 한 해 먼저 태어나 그와 동시대를 살았던 인물이다. 미술 평론가들 사이에서는 왜 박수근이 유독 잎 떨어진 나무를 많이 그렸는지에 대해 의견이 분분하다. 그가 잎 떨어진 겨울나무를 많이 그릴 수밖에 없었던 이유는 한국전쟁 당시 한국 산하에는 울창한 숲이 거의 없었을 뿐 아니라 한국이 처한 상황도 나목과 같았기 때문일지 모른다. 같은 시대에 박수근 선생은 나무를 그려 한국의 정서를 그림으로 담아냈고, 임종국은 나무를 심어 훗날을 위한 숲을 만들어갔다.

열림과 닫힘의 숲길

언덕을 오르는 길에 죽은 소나무를 봤다. 그는 온몸을 다른 생명체에게 내준 채 서 있었다. 죽은 몸에는 생명체들이 살고 있는 보금자리로 보이는 구멍이 겨울바람을 계속 빨아들이고 있었다. 나는 산길을 가다가 죽은 나무를 만나면 꼭 발걸음을 멈추고 묵념한다. 누구나 죽지만 나무의 죽음만큼 위대한 죽음도 없다. 나무는 죽어서도 자기 몸속에 무수히 많은 생명체를 품는다. 그래서 죽은 나무의 몸에서는 결코 썩은 냄새가 나지 않는다. 오히려 죽은 몸에서 살아 있는 생명체의 향기가 난다. 더욱 놀라운 것은 썩은 소나무 몸밖에서 다른 나

나목 박수근이 잎 떨어진 겨울나무를 많이 그릴 수밖에 없었던 이유는 한국전쟁 당시 한국 산하에는 울창한 숲이 거의 없었을 뿐 아니라 한국이 처한 상황도 나목과 같았기 때문일지 모른다.

무가 자라는 모습이었다. 죽음과 삶이 공존하는 나무의 모습을 보니 나무를 향한 경외심이 절로 들었다.

썩은 소나무를 지나자 양쪽에 사람을 양손 벌려 반기는 듯한 편백이 하늘로 뻗어 있어 산길이 한층 온화하게 느껴졌다. 그 길을 따라 숲 입구를 벗어나는 발걸음이 가벼웠다. 좀 가파른 언덕을 오르면서 보니 나무에 올라 폴짝 뛰면 곧 하늘까지 닿을 듯했다. 나는 산 고개를 오를 때마다 저 언덕을 넘으면 도대체 어떤 세상이 펼쳐질까, 그저 산 너머 산일까, 아니면 바다가 내려다보일까 등 이런저런 상상을 하면서 올라간다. 그렇게 고개에 올라 뒤를 돌아보니 가족들이 지

썩은 소나무 죽은 나무의 몸에서는 결코 썩은 냄새가 나지 않는다. 오히려 죽은 몸에서 살아 있는 생명
체의 향기가 난다.

친 모습으로 나를 쳐다봤다. 같이 가자며 두 팔을 벌린 모습이 정겨웠다. 언덕 정상에 올라 앞을 내다보니 산 너머 산이었다. 산 너머 산은 만물을 낳는 산産으로 골이 있다. 골이 없으면 나무들이 하늘에서 내린 비를 품고 있다가 다른 생명체에게 줄 수 없다. 언덕 고개에서 멀리 축령산을 바라보니 바람이 골마다 지나가는 소리가 들렸다. 이와 같이 산은 바람을 품고, 나무는 바람을 맞으면서 평생을 살아간다. 그래서 산바람은 생명을 잉태하는 숨이라 할 만하다.

고개를 넘어서 내리막길로 접어들었다. 고개를 내려가니 산 전체를 더이상 볼 수 없고, 마치 산의 품안으로 들어가는 듯한 느낌을 받았다. 내리막길에서는 무엇보다도 산허리를 굽이굽이 감도는 느낌이 짜릿하다. 이것이 바로 산에서 숲길을 걷는 또다른 묘미다. 돌고 도는 산길을 따라 편백 향기도 온 산을 휘감고 돌았다.

편백 맞은편에는 삼나무도 함께 살고 있다. 편백 잎은 푸른 하늘을 닮았지만 삼나무 잎은 누래져 있었다. 늘 푸른 삼나무는 겨울에 다소 지친 모습이었다. 겨울철에 나무를 안고 하늘을 보는 재미가 생각보다 크다는 것은 실제로 해보기 전까지는 모른다. 잎이 무성한 여름에 나무를 안으면 나무 속을 쉽게 볼 수 있지만 하늘은 보기 어렵다. 반면 겨울에는 나뭇가지 사이로 보이는 하늘에 온몸을 맡긴 나무의 순진함과, 진실하기에 한 치의 부끄러움도 없는 나무의 당당함을 느낄 수 있다. 죽죽 위로 뻗은 나뭇가지는 마치 그물로 하늘을 낚으려는 듯한 모습이다. 세상에서 이토록 아름다운 모습을 보기란 쉽지 않다. 이는 겨울 산에서만 누릴 수 있는 행운이다.

급경사가 끝나고 만난 길가의 층층나무에는 친절하게도 이름표가 달려 있다. 그런데 이름표를 보니 참 딱했다. 이름표에는 학명도 없고, 나무 이름과 용도만 달랑 적혀 있었다. 용도에 정원수라 적혀 있었지만, 이 나무는 깊은 산속에 살고 있으니 이 얼마나 웃긴가. 사람의 필요에 따라 나무의 용도를 표기하는 헛된 노력은 언제 멈출까.

잠시 쉬었다가 다시 숲을 따라 걸어가니 삼나무가 빽빽했다. 삼나무숲을 지나 일본잎갈나무숲에 들어서니 마치 긴 터널을 빠져나온 듯한 느낌을 받았다. 앞이 훤히 보이니 속도 뻥 뚫렸다. 숲에서 계속 지내다보면 다소 답답한 기분이 들 때가 있다. 하늘이 보이지 않으니 꼼짝없이 갇힌 느낌이랄까. 그다지 넓지 않은 길 양편으로 나무가 빽곡하니 가슴이 답답하다고나 할까. 사람은 열림과 닫힘이 적당히 반복되는 공간에서 편안하게 지낸다. 숲길도 마찬가지로 오로지 닫힘만 계속된다면 단조로워서 답답할 수 있다. 그러나 장성 편백숲은 열림과 닫힘이 적당히 번갈아 나타나는 환상적인 코스다. 일본잎갈나무 틈새로 하늘을 보면서 편백과 삼나무 사이를 걷는 것은 큰 행복이다.

평평한 숲길이 끝나자 편백인지 삼나무인지 모를 뼈만 남은 죽은 나무들이 모여 있었다. 이곳은 나무 공동묘지라 불러도 괜찮을 것 같았다. 죽은 나무는 시체처럼 땅속에 있지 않고, 땅 위에 남아 있었다. 이 나무들은 무슨 연유로 천수를 누리지 못하고 죽었을까. 무슨

아래에서 바라다본 편백나무 죽죽 위로 뻗은 나뭇가지는 마치 그물로 하늘을 낚으려는 듯한 모습이다. 세상에서 이토록 아름다운 모습을 보기란 쉽지 않다.

사연이 있었기에 300년은 족히 살 수 있는 존재가 저렇게 어린 나이에 목★숨을 잃었을까. 죽은 나무를 자세히 보니 어떤 것은 뿌리만 남았고, 어떤 것은 줄기만 남았다.

편백의 죽음까지 보자 시간이 훌쩍 지나가 있었다. 편백숲에 더 있고 싶은 충동을 억누르기 어려웠지만, 시간은 더이상 나에게 그런 축복을 허락하지 않았다. 다만 같은 길일지라도 되돌아가는 길에 나무의 다른 측면을 볼 수 있다는 점이 위안이 됐다. 돌아가면서 가장 아쉬웠던 것은 숲에서 밤을 보낼 수 없다는 점이었다. 이곳에 와서 꼭 별을 보고 싶었다. 밤에 편백 사이로 하늘의 별을 바라본다면 모든 번뇌가 눈 녹듯 사라질 것만 같았다.

시민들이 숲을 살리다

태화강 십리대밭 죽녹원이 산에서 만나는 대나무숲
이라면 울산광역시 태화강 대나무
숲은 강가에서 만나는 대밭이다. 사람들이 태화강변 대나무숲을 '십
리대밭'이라 부르는 이유는 이곳 울창한 대나무숲이 밭처럼 경제적
가치를 지니기 때문이다. 태화강은 담양과 함께 한국을 대표하는 대
나무 산지로 유명하다. 그리고 오늘날 태화강 대나무숲은 울산 자연
생태를 관찰할 수 있는 명소로 자리잡았다.

지금의 십리대밭은 울산 시민들의 높은 안목과 의식 덕분에 보존
될 수 있었다. 무거동 삼호교부터 태화동 동강병원까지 펼쳐진 대밭
은 원래 논밭이었다. 이곳이 '상전벽해桑田碧海'가 아닌 '죽전벽해竹田碧海'

로 변한 것은 일제강점기의 일이다. 홍수로 논밭이 사라지자 일본인이 거기에 대나무를 심기 시작해서 대밭이 형성됐다. 한때 울산시에서 이곳을 주택단지로 개발하려 했지만, 시민들의 반대로 대밭은 살아남을 수 있었다. 대나무는 이곳 사람들의 중요한 생계 수단이었다. 사람들은 대나무로 만든 각종 제품을 팔아서 생계를 유지하고, 자식들을 공부시켰다.

우리나라에서 태화강변처럼 십 리 길이 대나무숲으로 이루어진 곳은 없다. 차분한 분위기에서 대밭의 정취를 즐기려면 사람이 많은 주말보다는 평일이 좋고, 강변을 걸으면서 대밭의 정취를 즐기려면 한여름보다는 봄가을이 좋다. 하지만 나는 한여름 주말에 이곳을 찾았다. 대밭이 시작되는 곳에 있는 정자에서는 삼삼오오 모여든 가족들이 작열하는 태양을 피하고 있었다.

우리 조상들은 정자에 앉아 퉁소를 불면서 더위를 날려버렸다. 퉁소를 비롯한 한국의 전통 악기 중 관악기는 대부분 대나무로 만들어진다. 대롱 형태의 악기에 공기를 불어넣으면 소리가 난다. 피리를 불면 부는 사람 마음에 따라 희로애락을 자유자재로 표현할 수 있다. 대나무가 악기로 변할 수 있는 이유는 대나무 속이 비었기 때문이다. 세상살이의 아픔과 기쁨을 들려주는 빈 대나무의 울림은 사람의 심금을 울린다.

태화강 대나무숲 우리나라에서 태화강변처럼 십 리 길이 대나무숲으로 이루어진 곳은 없다. 그래서 강변을 따라 산책하기에 안성맞춤이다.

대밭에서 본 대나무 꽃

대밭으로 들어가니 오죽烏竹이 마중나와 나를 반겼다. 오죽 옆에는 죽순에서 껍질을 벗어던진 지 얼마 되지 않은 듯한 어린 대나무가 앙증맞게 서 있었다. 대나무 껍질, 즉 죽피竹皮는 죽순 시절에만 볼 수 있다. 죽피는 죽순을 보호하는 동시에 죽순이 잘 성장하도록 돕는다. 대나무는 죽순 상태에서 마디를 모두 만들어 생육을 시작한다. 대나무 마디마디에서는 생장조절 물질인 지베렐린gibberellin이 나와서 옥신auxin과 함께 생장을 촉진한다. 껍질을 벗어던진 죽순은 세파에 당당하게 맞서면서 한층 늠름한 모습으로 성장한다. 대나무는 완전하게 태어나서, 자신의 몸집을 불리지 않고 위로만 성장한다. 그래서 대나무는 속을 채우지 않으면서 위로 자라는 존재다.

나는 처음 찾은 태화강 대밭에서 대나무 꽃을 봤다. 이 무슨 인연인가? 그런데 방문객들은 대나무 꽃에 아무 관심도 없었다. 이곳을 자주 찾는 사람들이라 관심이 없는 건지 모르겠지만, 살면서 대나무 꽃을 보기란 결코 쉽지 않다. 대나무는 죽을 때 한 번만 꽃을 피우는데, 어떤 대나무는 100년 만에 꽃을 피우기도 한다.

대나무에 꽃이 피었으니 곧 열매를 맺을 것이고, 열매가 열리면 어디선가 봉황이 날아들 것이다. 봉황은 오동나무에만 앉고, 굶더라도 대나무 열매가 아니면 먹지 않는다 했으니 말이다. 대나무가 꽃을 피우는 이유는 더이상 뿌리로 번식할 수 없기 때문이다. 태화강변의 대나무가 꽃을 피웠다는 것은 그만큼 살기가 어려웠다는 뜻이다. 대

죽순 죽피는 죽순 시절에만 볼 수 있다.

나무는 꽃을 피우고 열매를 맺은 뒤에 세상과 작별한다. 그렇게 대나무는 마지막으로 자신을 닮은 자식을 낳고 장렬하게 죽는다.

여기서도 사람들은 어김없이 나무에 사랑의 징표를 새겼다. 누구나 사랑의 흔적을 남기고 싶겠지만, 대나무에 새긴다고 사랑이 영원한 것은 아니다. 사람들은 사랑을 새긴 깊이만큼 사랑도 깊어지길 바라겠지만 대나무도 그만큼 아프다는 사실을 알까. 다른 생명체에게 상처를 준 사랑이 얼마나 오래 버틸까.

돌아오는 길목에 팽나무를 봤다. 물가에서도 잘 자라는 팽나무가 대나무와 동고동락하는 모습이 정겨웠다. 팽나무 속을 보니 껍질

대나무 꽃 대나무는 꽃을 피우고 열매를 맺은 뒤에 세상과 작별한다. 그렇게 대나무는 마지막으로 자신을 닮은 자식을 낳고 장렬하게 죽는다.

에 푸른 이끼가 가득했다. 팽나무는 몸속으로 파고드는 이끼를 어떻게 받아들일까. 나무는 고통스러워도 자기 몸에 또다른 생명체를 잉태하고 살아간다. 이것은 죽음과 삶이 공존하는 나무의 운명이다. 따가운 햇살을 피해 사람들이 계속 대숲으로 들어갔다.

전라남도 화순 숲정이

마을의 자랑, 마을 숲

마을 숲을 지키는 사람   인류는 나무를 베면서 문명을 만들었지만, 나무를 무조건 베기만 한 건 아니다. 인류는 나무를 베기만 하면 결코 살아갈 수 없다는 것쯤은 잘 알고 있었다. 그래서 나무를 심는 식목植木은 옛날부터 국가는 물론 마을과 개인에게 중요한 일이었다. 현재 전국 각지에 남아 있는 마을 숲은 문화사적으로 가치가 크다. 마을 숲은 이제 중요한 관광명소로 자리잡았지만, 이를 관리하는 인식 수준은 그다지 높지 않다. 마을 숲을 보존하는 가장 좋은 방법은 숲의 일차적 주인인 마을 사람들의 자부심을 높이는 것이다. 마을 숲은 마을의 자랑이어야 한다. 그러나 간혹 마을 숲이 마을 사람들의 자랑이 아니라, 외부 사람들이 괜히 마을로 찾아오게 하는 귀찮은 존재로 전락하는 경우도 종종 있다. 그렇게 되지 않게 하려면 다른 지역 사람들도 마을 숲을 찾을 때 그 마을 사람들에게 감사하는 마음을 가지고, 진정으로 그 마음을 드러내야 한다.

전라남도 화순의 '숲정이'는 둔동마을 사람들이 지키는 마을 숲이다. 숲정이의 '정이'는 마을의 우거진 숲을 말하고, 숲정이는 '숲머리'라 불리기도 한다. 숲정이는 마을 앞 동복천同福川을 따라 700미터 정도 남북으로 길게 뻗은 숲이다. '복을 같이 한다'는 동복천의 이름부터 예사롭지 않다. 동복천은 이 숲 덕분에 복을 같이 나누게 됐는지도 모른다. 마을 건너편에 넓은 들을 끼고 있는 동복천은 마음을 아주 편안하게 해준다.

숲정이는 16세기쯤 둔동에 거처를 마련한 농촌 사람들이 조성한 인공 숲이다. 동복천은 둔동마을 농사의 풍년과 흉년에 큰 영향을 끼칠 수밖에 없었다. 논농사는 물 관리가 결정적이기 때문이다. 그러나 물 관리는 아주 어려운 일이다. 특히 삽, 곡괭이, 호미가 전부이던 조선시대에 홍수는 마을 사람들의 힘만으로는 감당하기 어려운 자연재해였다. 그래서 사람들은 홍수를 막기 위해 숲을 조성하기로 했다. 우리나라 마을 숲의 기능은 아주 다양하지만 대부분 홍수 방지와 밀접한 관계가 있다. 농업 사회에서 홍수는 마을 사람들을 위협하는 가장 큰 재앙이었기 때문이다.

나무는 하천홍수를 방지하는 데 아주 적합하다. 하천변 나무들

동복천 마을 건너편에 넓은 들을 끼고 있는 동복천은 마음을 아주 편안하게 해준다.

은 뿌리로 흙을 품은 상태로 흐르는 물을 온몸으로 막는다. 아울러 나무는 물을 정화하기에 마을 사람들에게 깨끗한 식수를 공급하는 아주 중요한 역할도 담당한다.

숲정이의 나무들

둔동마을의 여름은 더웠지만, 숲정이의 여름은 시원했다. 마을 입구에 도착하기도 전에 울창한 숲을 만나니 아무리 더운 날씨라도 시원한 느낌이 들었다. 게다가 동복천에 흐르는 물 덕분에 이보다 더

시원할 수가 없었다. 동복천은 내가 상상한 것보다 넓었다. 울창한 숲과 함께 수량이 많은 여름의 동복천을 보니 마음이 한층 풍요로워졌다.

동복천의 키 큰 나무들은 늘 긴장하지 않을 수 없다. 하천변 나무들은 홍수로 흙이 떠내려가거나 바람이 강하게 불면 넘어질 가능성이 아주 높다. 그러나 이곳 나무들은 나름대로 위기에 대처하는 방법을 갖추고 있다. 그 방법은 뿌리를 아주 튼튼하게 만드는 것이다. 이곳 나무들을 자세히 보니 다른 곳에 사는 나무들과 달리 뿌리를 튼튼하게 하는 장치를 찾을 수 있었다. 느티나무는 굵은 뿌리 위로 가느다란 잔뿌리를 아주 많이 만들어서 몸을 땅에 고정했다. 특히 밖으로 많이 나온 굵은 뿌리는 다양한 크기의 잔뿌리로 덮여 있었다. 뿌리를 등지고 느티나무 잎 사이로 맞은편에 펼쳐진 들을 바라보니 아득히 보이는 산자락이 내 가슴을 두근거리게 했다. 나는 겹겹의 능선을 좋아한다. 산의 전체 모습을 볼 수 있어서 좋고, 늘 그 속에 안기고 싶은 마음이 들어서 더더욱 좋다. 이렇게 아주 구체적으로 나무를 보면서 먼산 나무를 상상하면 얼마나 행복한지 모른다.

하천을 따라 만든 숲정이에서는 동복천의 물과 더불어 논밭의 식물과 긴 숲길을 다 볼 수 있다. 이곳에 살고 있는 자작나뭇과의 서어나무는 물과 잘 어울리는 나무다. 음양의 관점에서 보면 양의 성격을 가진 산과 달리 물은 음의 성격을 가지는데, 서어나무는 대표적인 음수陰樹다. 서어나무라는 이름은 서목西木에서 유래했는데, 여기에도

심재가 썩어버린 서어나무 나무는 결코 자신의 환부를 감추지 않고 밖으로 드러낸다. 나무는 환부를
안으로 숨기는 순간, 자신의 생명이 더욱 위태로워진다는 것을 잘 안다.

음을 나타내는 서쪽이 들어 있다. 어떤 서어나무는 물이 그리워 동복
천으로 몸을 기울인 나머지 몸의 중심부, 즉 심재가 썩어버렸다. 서
어나무는 세상에 썩은 부위를 드러낸 채 살아가고 있었다. 이처럼 나
무는 결코 자신의 환부를 감추지 않고 밖으로 드러낸다. 나무는 환부
를 안으로 숨기는 순간, 자신의 생명이 더욱 위태로워진다는 것을 잘
안다. 그러나 인간은 되도록 자신의 환부를 감추면서 살아간다.

숲정이에 살고 있는 버드나뭇과의 왕버들은 상처가 많았다. 그
동안 그의 삶이 얼마나 힘들었는지를 한눈에 볼 수 있을 정도였다.
왕버들은 벌써 큰 줄기 하나를 잃었고, 뿌리 근처에는 버섯이 드문드
문 살고 있었다. 나무에 버섯이 살고 있다는 것은 그만큼 나무의 건
강상태가 좋지 않다는 증거다. 왕버들은 물을 아주 좋아하고 생명력
이 강하지만, 세월의 흐름에는 장사가 없나보다. 그러나 이 나무는
상태가 좋지 않더라도 결코 쉽게 죽지 않을 것이다. 왕버들은 최악의
상태를 맞더라도 좀처럼 죽지 않는다. 왕버들은 설령 몸이 썩더라도
썩은 곳에서 다시 새 생명이 돋는다. 특별한 경우가 아니면 죽은 나
무를 옮길 필요가 없다. 죽은 나무를 그대로 두면 그 자체로 훌륭한
자연생태가 유지된다. 자연은 인간이 간섭하지 않아도 스스로 생태
를 유지하는 능력이 탁월하다.

왕버들의 몸에 담쟁이덩굴을 비롯한 덩굴성 식물이 동거하는 모
습은 내 가슴을 울렸다. 누군가에게 어깨를 빌려줄 수 있다면, 삶의
터전을 빌려줄 수 있다면, 그만큼 행복한 삶도 없을 것이다. 덩치가

왕버들 왕버들은 설령 몸이 썩더라도 썩은 곳에서 새 생명이 돋는다. 죽은 나무를 그대로 두면 그 자체로 훌륭한 자연생태가 유지된다.

아주 큰 왕버들의 몸에 앙증스러운 담쟁이덩굴이 붙은 모습이 얼마나 귀여웠는지 모른다. 세월이 흘러 왕버들은 수척해질 테지만, 담쟁이덩굴은 왕버들의 몸을 계속 타고 올라갈 것이다. 그러나 왕버들은 담쟁이덩굴에게 자신의 몸을 모두 내주고도 아주 오랫동안 살아갈 수 있다. 왕버들과 담쟁이덩굴의 동거생활은 어느 한쪽의 일방적인 배려나 사랑으로 이루어지지 않기 때문이다. 담쟁이덩굴에게 몸을 내준 왕버들도 담쟁이덩굴의 도움을 받으면서 살아간다. 담쟁이덩굴은 칡이나 등나무처럼 다른 물체를 감지 않고 타고 올라가기 때문에 왕버들을 해치지 않는다. 오히려 담쟁이덩굴 낙엽은 거름으로 작용해서 왕버들의 생장에 도움을 준다.

물에 비친 나무와 구름

숲정이의 매력으로 빼놓을 수 없는 것은 숲 아래에 살고 있는 떨기나무와 풀이다. 하천이 건강하려면 나무와 풀이 공존해야 한다. 떨기나무와 풀은 하천에서 습지를 형성하는 데 매우 중요한 역할을 한다. 동복천 곳곳에도 습지가 있다. 하천에서 습지를 만나게 되면 숲에서는 느낄 수 없는 또다른 매력을 체험할 수 있다.

동복천은 물속으로 들어가 멱을 감고 싶을 만큼 건강하다. 나는 이곳에서 물속에서도 숲을 만나는 행운을 맛봤다. 여태까지 이곳저곳을 다니면서 물에 비친 나무를 보는 행운은 쉽게 얻었지만, 물속에

구름이 비쳐 보이는 동복천

서 숲과 구름을 동시에 만나는 행운은 거의 얻지 못했다. 동복천 물속에 뭉게구름과 숲이 함께 비치는 장면은 말로 표현할 수 없을 정도로 황홀했다. 이같이 물속에서 숲과 구름을 동시에 만나는 기회는 결코 자주 누릴 수 없다. 이런 기회를 만나려면 무엇보다도 구름을 온전히 담을 수 있는 풍부한 물과 아름다운 숲이 있어야 한다. 숲정이는 이러한 조건을 완벽하게 갖추고 있다. 그래서 숲정이를 떠나는 발걸음은 무척 더뎌질 수밖에 없었다. 해질녘에 숲정이를 중심으로 주변 들판과 산자락을 바라보면서 이 마을의 아름다움을 다시 한번 맛봤다.

전라북도 남원 서어나무숲

논과 함께 있어서 특별한 숲

운봉과 논 　　　　　나는 하늘을 즐겨 본다. 구름 한

　　　　　　　　　　　점 없는 하늘도 아름답지만 하늘
은 구름과 함께할 때 더욱 아름답다. 특히 우리나라 산에서 보는 구
름은 아름답다. 산등성이와 함께 보는 구름, 나무 사이로 보는 구름
은 가슴을 벅차오르게 한다. 구름이 걸쳐 있는 숲, 즉 운림雲林은 은거
하기 좋은 땅을 의미한다. 한국의 마을에는 이런 곳이 적지 않다. 그
런 동네를 대개 운봉雲峰이라 부른다.

　서어나무숲을 만나고자 전라북도 남원시 운봉읍을 향해 길을 떠
나면서 나는 운봉의 의미를 새겼다. 서어나무숲은 해발 500미터에
있다. 구름 봉우리와 서어나무의 조화는 정말 아름다웠다. 운봉 서어

나무숲은 사람들이 직접 나무를 심어 만든 인공 숲이다. 서어나무숲은 단일 수종으로 구성된 마을 숲이라는 점에서 특별하고, 논과 함께 있어서 더욱 특별하다. 내가 논에 큰 관심을 갖는 이유는 논이 습지의 한 종류이기 때문이다. 습지는 오랜 기간 물이 흐르다 고이는 과정을 거치면서 다양한 생명체에게 삶의 터전을 제공하는, 생산과 소비의 균형을 완벽히 갖추게 된 환경을 말한다. 그래서 습지가 많은 생명체에게 살 공간을 제공하면, 생명체는 습지 생태계를 안정적으로 유지한다. 또 습지는 오염원을 정화하고 홍수와 가뭄을 조절한다. 그러나 지금 전국의 논은 공장 부지로 전환되면서 날로 줄어들고 있다. 습지가 사라진다는 것은 곧 생태계의 위기를 의미한다. 생태계에 위기가 오면 가장 큰 위험에 처하는 존재는 인간이다. 운봉 서어나무숲은 습지와 함께 있어서 더욱 중요하다.

극상림과 서어나무

서어나무는 극상림極相林을 이루는 나무라는 점에서 중요하다. 극상림은 지역의 기후 조건에서 극상에 이르렀다고 간주되는 숲을 말한다. '극상'은 식물의 군집 조성이 천이에 의해 변화하다가 그 지점의 생태적 조건에서 장기간 안정을 지속하는 상태를 말한다. 주변에서 흔히 만나는 극상림은 서어나무숲과 단풍나무숲이고, 흔하지는 않지만 참나뭇과의 너도밤나무숲과 구실잣밤나무숲도 만난다. 땅에서

서어나무숲

처음 등장하는 식물은 이끼와 풀이다. 그다음에는 딸기나무가 등장하고, 좀더 지나면 볕을 좋아하는 양지나무, 즉 양수가 자란다. 그다음에는 서어나무 같은 음지나무, 즉 음수가 등장한다. 이끼와 풀, 음수와 양수 등이 혼합된 숲은 마지막 단계에서 음수로 이루어진 극상림으로 바뀐다. 따라서 서어나무숲을 만난다는 것은 숲의 변화에서 마지막 단계를 본다는 뜻이다.

지리산 둘레길과 숲속에서 만난 나무

서어나무숲으로 가는 길은 지리산 둘레길이다. 둘레길은 지름길로 가지 않고 산의 둘레를 돌면서 걸어가는 길이다. 사람들이 둘레길을 선호하는 이유는 무조건 직진하면서 많이 지쳤기 때문이다. 무엇을 할 것인지에 대한 답이 없다면 빠른 속도는 아무 의미가 없다.

다리를 건너 숲으로 가는 길은 정말 투박했다. 매끈한 길에 익숙한 사람들은 다듬어지지 않은 길이 불편할지도 모른다. 그러나 거친 길은 사람의 마음을 다듬는 데 제격이다. 사람들은 거친 길을 아주 신중하게 걸어가기 때문이다. 숲길 입구 왼편에는 상수리나무가, 오른편에는 서어나무가 수문장처럼 서 있다. 이곳을 잘 지켜준 마을 사람들에 대한 감사의 표시로 두 나무에게 인사하는 것도 잊지 않았다.

숲에 도착해서 보니, 서어나무 한 그루의 몸에 구멍이 여럿 있었

숲 입구 상수리나무와 서어나무

고 밑동은 속이 완전히 뚫렸다. 상처투성이 서어나무를 본 순간, 이곳 나무들이 200~300년 동안을 살아오면서 얼마나 고통스러운 나날을 보냈을지 알게 됐다. 그러나 나는 나무의 이런 상처를 보면서도 크게 슬퍼하지 않는다. 어떤 존재든 20미터쯤의 키로 200~300년을 살면 그런 상처를 입지 않을 수 없으리라. 그래서 상처는 연민의 대상이 아니라, 한 존재가 살아온 삶의 가치를 가늠하게 해주는 표식이다.

서어나무숲은 밖에서 볼 때는 아주 단정해 보였지만 숲속으로 들어가서 보니 아주 복잡했다. 일정한 공간에서 함께 살아가는 나무들은 각자 살아남으려고 몸부림을 친다. 그래서 숲속에서 나무를 보면 살아가는 모습이 각기 다르다. 서어나무숲 입구 왼편의 나무들은 몸을 밖으로 틀었다. 나무가 몸을 안으로 들이거나 쭉 펴기에는 주변 공간이 좁았다. 숲 가장자리에 있는 서어나무 한 그루는 숲과 완전히 떨어져 있다. 이 나무의 뿌리는 다른 서어나무와 공간을 나눠 쓰지만, 몸은 그러지 못하고 있는 셈이다. 형제들과의 경쟁에서 밀린 서어나무는 다른 나무에 비해 작았다.

서어나무 숲속은 다른 나무 숲속보다 아주 밝다. 서어나무 껍질이 흰색을 띠고 있기 때문이다. 서어나무를 한참 바라보니 눈이 부셔 시리기까지 했다. 눈이 내리지 않아도 눈이 내린 것만 같은 어느 오후였다.

강원도 횡성 자작나무숲
숲속 미술관에서 꿈을 일구다

**풍수원성당의
느티나무와 회양목**

몇 년 전 횡성에 처음 왔을 때 나는 풍수원성당에 들렀다. 나는 풍수원성당에 처음 왔을 때의 그 아름다움을 잊지 못해서 이곳 성당을 다시 찾았다. 고풍스러운 건물도 아름다웠지만, 성당 주변 나무가 더욱 아름다웠던 것으로 기억한다. 더욱이 성당 앞에는 논이 있다.

풍수원성당은 강원도 최초의 성당이자 한국인이 세운 최초의 성당이기도 하다. 1866년 병인양요로 천주교 탄압이 심해지자 신자들이 풍수원으로 들어오기 시작하면서 천주교 신자촌이 생겼다. 1886년 조선과 프랑스 간에 조불수호통상 조약이 체결되면서 신앙

풍수원성당

의 자유가 허용되자 1890년 프랑스인 르 메르L. B. J. Le Merre 신부가 1대 신부로 부임해 이곳에 본당을 창설했다. 2대 신부로 부임한 정규하 신부는 1907년에 직접 설계한 고딕 양식의 성당을 짓기 시작해 1909년 준공했으며, 1912년에는 사제관을 신축했다.

풍수원성당 건물은 푸른 숲에 둘러싸여 있다. 숲은 박해에 시달린 신자들이 숨어살던 곳인 만큼 골이 아주 깊다. 마치 아기가 엄마 품에 안긴 것처럼 성당이 산속에 안겨 있다. 그 덕분에 성당은 한층 아름답고 성스러웠다. 주차장에서 풍수원성당으로 가는 길은 두 갈래로 갈라지는데, 내가 처음 이곳을 찾았을 때는 마을로 올라가는 길 하나뿐이었다. 지금은 이곳을 찾는 사람이 많고, 차량을 성당으로 들여야 해서 성당 옆쪽으로 큰길을 만들었다. 나는 다랑논을 보려고 옛길로 성당에 갔다. 박해를 피해 이곳에 온 신자들은 화전을 일구고 옹기를 구워 팔아 생계를 유지했다. 다랑논은 이곳 농민들의 삶이 고스란히 녹아 있는 삶의 터전이다.

내가 옛길로 성당을 찾은 또다른 이유는 성당 입구에 아주 잘생긴 느티나무 두 그루가 살고 있기 때문이다. 성당 입구의 느티나무야말로 성당을 아름답게 만드는 주인공이다. 이곳 느티나무는 성당 건물을 압도할 만큼 키도 크고 잎도 무성하다. 느티나무 두 그루 사이에 서서 고개를 들어 하늘을 바라보니 하늘마저 거의 가린 느티나무 잎이 햇빛에 빛나 형언할 수 없을 만큼 황홀했다.

나는 이곳에 와서 회양목과의 회양목을 보고 깜짝 놀랐다. 회양

느티나무와 풍수원성당

목의 키가 아주 컸기 때문이다. 회양목은 우리나라 나무 중에서도 아주 더디게 자라고, 조선시대에 호패를 만드는 데 사용된 탓에 크게 자란 회양목을 보기가 힘들다. 그런데 이곳 회양목은 전국에서 아주 보기 드물 만큼 키가 커서 성인 남자의 키를 훌쩍 넘었다. 이곳 회양목은 하느님의 뜻을 실천하려는 성직자들과 신자들의 올곧은 마음을 닮았다.

미술관 자작나무숲

내가 횡성 '미술관 자작나무숲'을 찾은 이유는 자작나무 때문만은 아니었다. 자작나무숲은 이곳 말고 딴 곳에서도 찾을 수 있지만, 이곳을 굳이 찾은 이유는 자작나무를 심은 원종호 선생의 정신을 닮고 싶었기 때문이다. 이곳 미술관을 개관한 원종호 선생은 자작나무를 무척 사랑했다. 그는 사진작가로, 1991년 이곳에 정착해서 1년생 자작나무 1만 2000여 그루를 심었다. 이곳 자작나무는 아직 나이가 어려서 울창한 숲을 이루지 못했지만, 주인의 헌신적인 사랑을 먹고 자란 존재다.

매표소에서 아주 낮은 나무문을 지나 자작나무숲으로 들어가면 미술관이 보인다. 늦봄 더위가 제법이어서 미술관으로 빨리 들어가고 싶었지만 입구의 우체통이 발걸음을 멈추게 했다. 손 편지가 거의 사라진 요즘, 미술관 입구에 있는 앙증맞은 우체통은 종이 한 장을 펴놓고 사각사각 누군가에게 손 편지를 쓰고 싶은 마음을 불러일으켰다. 미술관 자작나무숲은 그 자체로 거대한 종이 공장이기도 하다. 종이가 귀하던 시절에는 자작나무 껍질을 종이로 사용했다. 매끄럽고 부드러운 자작나무의 하얀 껍질은 가공하지 않아도 그 위에 글씨를 쓸 수 있다. 하얀 껍질에 글씨를 써서 사랑하는 사람들에게 편지를 보낸다면 아름다운 선물이 될지도 모른다. 만약 이곳에 죽어서 쓰러지는 자작나무가 있으면 껍질을 이용한 편지 쓰기 체험 프로그램을 운영하면 어떨까. 우체통 위에는 담쟁이덩굴이 새싹을 틔웠다. 혹

미술관 입구에 있는 우체통 ©배정현

누가 우체통에 편지를 넣으면 담쟁이덩굴이 하늘로 손을 뻗어 편지를 전해줄지도 모른다.

미술관으로 들어가는 길목에서는 자작나무가 길손을 반겼다. 자작나무 껍질을 자세히 보면 하얀색과 더불어 군데군데 검은색이 보인다. 자작나무 껍질은 희지만, 속살은 검다. 자작나무의 검은 속살은 횃불을 밝히는 데 사용됐다. 자작나무는 불이 붙으면 '자작자작' 소리를 내면서 타기에 자작나무란 이름이 붙었다.

건물 가까이 가니 파란 잔디밭에 노박덩굴과의 화살나무 한 그루가 아주 우아하게 잎을 피우고 있었다. 이 나무는 나뭇가지가 화살

화살나무

꼬리처럼 생겨 화살나무라고 한다. 이곳 화살나무는 떨기나무인데도 친구들과 모여 살지 않고 독립수로 살아가고 있었다. 사는 공간도 아주 넓으니 이곳 화살나무는 자신의 능력을 마음껏 펼칠 것이다. 화살나무 옆에는 부모인 노박덩굴로 만든 아치 모양의 '꽃대궐'이 보였다. 속깊은 주인이 사랑하는 사람들끼리 손을 잡고 이곳으로 들어가라고 꽃대궐을 만든 걸까. 꽃대궐에는 시계가 달려 있었다. 그런데 시계에는 시침도 분침도 없었다. 시계가 고장난 걸까, 아니면 일부러 시침과 분침을 뗀 걸까. 대신 그 옆에는 여러해살이풀 시계꽃이 활짝 꽃을 피웠다. 시곗바늘을 없앤 이유는 아마도 옆에 있는 시계꽃을 보

꽃대궐의 시계

고 세월을 읽으라는 뜻이리라.

이곳은 자작나무숲도 중요하지만, 미술관이 핵심이다. 미술관 맞배지붕 안쪽을 들여다보니 담쟁이덩굴이 치열하게 살고 있고, 맨 위에는 벌이 집을 만들었다. 미술관도 나무와 풀로 뒤덮여 그 자체가 미술품이었다. 미술관 안과 밖은 나무와 풀이 경계를 이루고 있어서 그 경계가 분명하지 않다. 생각해보면 세상천지에 명확히 경계 지을 수 있는 것이 어디 있겠는가.

숲을 일군 주인의 철학

미술관 옆 작은 건물을 들여다보면 삽을 비롯한 작업 도구가 걸려 있다. 이곳 주인이 이런 도구로 꿈을 일궜을 거라는 생각에 가슴이 잠깐 찡해졌다. 깊은 산속에서 나무를 심고, 미술관을 개관하기까지 그가 겪었을 세월이 바람을 타고 밀려왔다. 물동이를 지고 이 산을 올랐을 주인의 고통과 정성이 길 곳곳에, 나무 한 그루 한 그루에 서려 있었다.

미술관에는 숲을 조성하던 당시에 찍은 아주 어린 자작나무들의 모습을 담은 사진이 걸려 있다. 마치 엄마가 사진첩에 자식의 어린 시절을 담아놓은 듯한 느낌이었다. 숲속 자작나무는 정말 대견스러웠고 주인은 존경스러웠다. 숲속 미술관 안에도 살아 있는 자작나무가 있다. 주인이 미술관을 지을 때 구멍을 파서 자작나무를 살린 것이다. 나무를 심은 뒤에 건물을 지으면서 생긴 일이겠지만, 한 그루의 나무라도 살리려는 마음이 참 고마웠다. 어느 자작나무 앞에 다다르니 주인이 쓴 팻말이 세워져 있었다.

인생을 내 의도대로 살기 위해, 인생의 본질을 마주하기 위해, 그리하여 죽음을 맞이했을 때 내 삶을 후회하지 않기 위해 나는 나무를 심고 이 숲에 살고 있다.

주인의 삶의 철학이 담긴 이 글을 보면서 자작나무의 본질을 생각했다. 껍질이 희고 속이 검은 자작나무는 결코 표리부동하지 않다. 자작나무는 겉을 희게 만들기 위해 속을 검게 태운다. 그리고 자작나무는 그 어떤 나무보다 활활 타오른다.

숲에서는 자작나무가 성장하는 모습도 확인할 수 있다. 자작나무는 성장하면서 뱀이 허물을 벗듯 껍질을 벗는다. 자작나무는 일종의 성장통을 겪으면서 껍질을 검게 물들이다가 검은 껍질을 벗고 다시 흰 상태로 돌아온다. 자작나무는 자기 본래 모습인 흰 껍질을 드러내고자 끊임없이 변신한다. 이와 비슷하게 소나무가 사시사철 푸른 이유도 2년마다 잎을 바꾸기 때문이다. 그러나 사람들은 소나무를 늘 푸른 나무로만 생각할 뿐, 소나무가 어떻게 푸른 모습을 유지하는지에 관심을 잘 갖지 않는다. 자작나무도 늘 껍질이 흰 듯하지만, 사실은 끊임없는 자기 혁신으로 언제나 흰 모습을 드러내는 것이다.

자작나무숲길

자작나무숲길은 산허리에 있어서 완만하다. 자작나무는 갈잎나무인지라 떨기나무와 풀도 그 옆에서 함께 자랐다. 나무와 풀이 함께 사는 숲길은 무척 정겨웠다. 자작나무숲에서 풀이 나무와 함께 살 수 있는 이유는 자작나무가 겨울에 잎을 달고 있지 않아서이기도 하지만, 자작나무 가지가 옆으로 많이 뻗지 않을 뿐 아니라 굵지도 않기 때문이다. 자작나무는 가지를 길게 뻗지 않아서 땅으로 내려가는 햇빛을 완벽하게 차단하지 못한다. 이같이 자작나무는 결코 햇빛을 독점하지 않는다. 이곳 주인이 자작나무를 빽빽하게 심지 않은 것도 자작나무가 풀과 공생할 수 있는 이유다.

어느 자작나무 가지에는 "식물들도 아픔을 느낍니다. 자작나무 껍질을 벗기지 마세요. 나무가 죽습니다"라고 쓰인 종이쪽지가 걸려 있었다. 사람이 억지로 자작나무 껍질을 벗기면 곤란하다. 자작나무는 자기 컨디션에 따라 스스로 껍질을 벗는다. 이런 나무의 뜻을 무시한 채 함부로 껍질을 벗기다가는 자작나무가 죽을지도 모른다. 나무는 지금까지 인간의 도움 없이 살아온 생명체다. 자생할 줄 아는 존재를 인간 마음대로 건드리면 그 존재는 불행해진다. 인간이 개입하지 않아도 자작나무는 스스로 행복하다.

〻

전라남도 담양 관방제림

여름과 겨울, 서로 다른 멋

**자세히 보고
또 멀리서 보고**

관방제림은 전국에서도 아주 긴 숲으로 손꼽히는 천연기념물 숲이다. 하천둑은 흙으로 덮여 있고, 둑 위와 언덕에 심은 나무들이 숲을 이룬다. 둑에 숲을 만든 목적은 수해를 방지하기 위해서였지만, 지금 이곳은 주민들은 물론 전국 각지에서 온 많은 사람이 찾는 관광명소가 됐다. 관방제림을 천연기념물로 지정한 가장 큰 이유는 숲이 지닌 역사와 문화 때문이다. 짧게는 200년, 길게는 300년 동안 숲을 유지하는 일은 결코 쉽지 않았을 것이다. 그동안 사람들이 들인 정성과 노력이 이 숲을 더욱 빛나게 해왔다.

관방제림으로 들어가기 전 이곳 숲 전체를 보는 게 중요하다. 숲 전체를 봐야 숲을 거기 만든 이유를 알 수 있고, 그걸 알아야 숲에 대한 애정도 깊어지기 때문이다. 죽녹원에 들렀다가 돌아오는 길에 누각에 올라서 담양천을 바라보면 관방제림이 한눈에 들어온다. 숲을 보는 방법으로 '관觀'과 '망望'이 있는데, 관은 자세히 보는 것이고, 망은 멀리서 보는 것이다. 숲 위치에 따라 관과 망이 불가능한 곳도 적지 않다. 다행히 관방제림은 관과 망을 동시에 즐길 수 있는 숲이다. 관방제림의 경우 죽녹원 누각에서 '망'을 하고, 내려와서 둑으로 들어오면 '관'을 할 수 있다. 그래서 관방제림은 조금만 부지런하면 나무와 숲을 동시에 즐길 수 있는, 우리나라에서 보기 드문 숲이다.

여름 햇살에 빛나는 나뭇잎

숲을 걷다가 하늘을 바라보니 나뭇잎이 햇살을 받아 별처럼 빛났다. 나는 한여름 햇살에 맑게 빛나는 나뭇잎을 '엽성葉星'이라 부른다. 햇살을 받아 반짝이는 잎은 마치 맑은 별과 같으며, 하늘을 받치는 수많은 잎은 하늘에 수놓은 무수한 별과 같다. 하늘에는 밤에 별이 보이고, 햇살이 비치는 관방제림에서는 낮에 별이 보인다. 그래서 관방제림에서는 낮이든 밤이든 별을 헤면서 즐거운 시간을 보낼 수 있다. 별이 빛나는 숲에서 눈망울을 이리저리 굴리다보니 썩은 나무줄기가 보였다. 나무의 상처를 보면서

여름철 관방제림 옆 메타세쿼이아 가로수

지나치게 안쓰럽게 생각할 필요는 없다. 누구나 나무처럼 상처를 안고 살아가기 때문이다. 다만 상처를 안고 살아가면서도 스스로 치유할 회복력을 기를 수 있느냐가 삶의 건강성을 좌우한다.

관방제림의 나무들은 해마다 가지를 하천으로 뻗고 뿌리는 반대편으로 뻗는다. 나무들은 서로 얽혀서 산 지 오래라서 이제 더이상 얽힐 공간이 없기 때문이다. 그래서 관방제림의 언덕은 숲 그늘로 덮여 있으며, 어떤 곳에서는 나무가 너무 울창해 하늘을 바라볼 수조차 없다. 나무들이 하늘을 가려버리면 나무 아래에서 살아가는 식물들은 빛을 충분히 받지 못해 괴롭다. 그러나 그곳 식물들은 나무를 원망하지 않는다. 가을에 떨어지는 잎이 자기들의 겨울 보금자리라는 걸 잘 알고 잎이 떨어지면 햇볕을 받으며 살아가기 때문이다.

숲길 가운데 우뚝 선 나무를 중심으로 지금껏 걸어온 길을 바라보니 아득했다. 사람들 발길이 뜸한 지점에 나무 한 그루가 잘려서 그루터기만 남아 있다. 삶을 마감한 나무를 보는 순간 내 마음이 숙연해졌다. 나무는 죽어서도 다른 생명체들에게 삶의 터전을 제공한다. 가까이서 보니 그루터기 주변에 있는 싱싱한 풀들이 마치 죽은 나무를 보호하는 것 같았다. 죽어서도 풀들이 보호해주는 나무는 행복할 것이다. 숲 끝자락일수록 길은 좁아져 겨우 한 사람씩 지나갈 수 있다. 그러나 좁은 길은 숲을 더욱 아름답게 만든다. 그중 줄기 전체가 반대편으로 뻗어 마치 터널을 연상케 하는 나무도 있다. 얼마나 나무가 유연하면 저런 모습을 할까. 나는 이렇게 터널을 만든 나

그루터기 그루터기 주변에 있는 싱싱한 풀들이 마치 죽은 나무를 보호하는 것 같았다. 죽어서도 풀들이 보호해주는 나무는 행복할 것이다.

무를 '요가 전문가'라 부른다. 나이를 많이 먹은 푸조나무 중에는 넘어지는 것을 방지하기 위해 열대지방 나무에서 흔히 보이는 판근板根, 즉 겉 뿌리에 판자 같은 모양을 만든 것도 있다. 소 넓적다리뼈처럼 생긴 판근은 나무에 골을 만든다. 판근의 골 사이에 다른 생명체들이 똬리를 틀었는데 그 모습이 앙증맞았다. 푸조나무는 자신이 살기 위해 만든 판근에서도 다른 생명체들에게 터전을 내준다.

겨울철 메타세쿼이아

눈 내린 관방제림은 고요했다. 눈을 머금은 관방제림 나무들은 추위를 견디느라 고통스러운 나날을 보내는지도 모른다. 하지만 이곳을 찾는 사람들에게 겨울은 나무 속을 자세히 볼 수 있는 절호의 기회다. 겨울에는 관방제림을 찾는 사람이 거의 없어 여름과 무척 대조적이다. 나는 겨울 관방제림에서 나무 사이로 본 하늘을 잊을 수 없다. 겨울 나뭇가지에 걸린 푸른 하늘과 흰 구름이 조화를 이룬 풍경은 정말 아름답다. 겨울철 관방제림에서 땅에 떨어진 푸조나무 열매 혹은 가지에 달린 열매를 볼 수 있다. 떨어진 열매들은 추운 겨울 언 땅에서 새 생명을 만들려고 안간힘을 쓴다. 나무 열매는 엄마 품에서 떨어지는 순간부터 부모의 도움을 받지 않고 오로지 자기 힘으로 살아간다.

겨울은 나무들이 소통하는 시간이다. 잎 떨어진 나뭇가지들 사

이로 틈이 생기기 때문이다. 나무는 나뭇가지 틈 사이로 하늘을 만나고 다른 나무들도 만난다. 여름철에는 관방제림에서 건너편에 있는 낙우송과의 메타세쿼이아숲을 거의 볼 수 없지만 겨울철에는 숲이 한눈에 보인다. 담양 메타세쿼이아 가로수길은 유명하다. 메타세쿼이아는 은행나무, 소철과 더불어 살아 있는 지구의 화석이다. 유구한 역사를 자랑하는 메타세쿼이아를 우리나라에서 쉽게 만나볼 수 있는 건 행운이다. 푸른 하늘과 흰 구름, 하얀 눈을 배경으로 한 메타세쿼이아의 겨울 자태는 위풍당당했다.

가로수길에 도착해서 파란 하늘을 올려보니 수억 년의 세월이 무상했다. 메타세쿼이아는 주위 공간이 넓어도 가지를 넓게 펴지 않고 위로 상승해서 피라미드 모양을 띤다. 메타세쿼이아는 다른 나무들보다 하늘로 오르려는 욕망이 강한 존재다. 100미터 넘는 메타세쿼이아가 넘어지지 않고 살아가는 이유는 그만큼 균형감각이 발달했기 때문이다. 겨울에 가로수길 바닥은 떨어진 잎으로 붉다. 붉은 잎을 밟으면서 걷는 길은 춥지만 짜릿했다. 겨울이 닥쳐 추위가 심해질수록 사람은 옷을 입어 몸을 감싸고 나무는 잎을 떨어뜨려 몸을 드러낸다.

꙳

전라북도 무주 덕유산 독일가문비숲

다양한 나무가 어울려 사는 곳

무풍지대로 가는 길　　　최근 한국 사회에서 일어난 변화
는 휴양림이 증가한 것이다. 이는
경제성장과 함께 나타난 자연스러운 현상이다. 휴양림은 일종의 문
화공간이다. 인간은 먹는 문제가 어느 정도 해결되고 나면 문화생활
을 향유하고 싶어한다. 경제가치만 추구하지 않고 삶의 질도 추구하
는 단계에서 문화가 주목을 받는다. 내가 사는 곳에서 휴양림으로 가
려면 무풍리를 지나야 한다. 나는 무풍리가 바람이 없는 마을이라 생
각했는데 알고 보니 우거지고 풍성한(茂豊) 마을이었다. 고장의 이런
뜻은 넉넉한 산을 의미하는 덕유산德裕山이라는 이름과 잘 어울린다.

한국에서 만난 독일가문비

소나뭇과의 독일가문비는 늘푸른 큰키나무다. 우리나라에서는 주로 1920년대에 도입한 독일가문비를 볼 수 있다. 덕유산 자연휴양림의 독일가문비들은 국내 최대 독일가문비숲을 이루고 있다. 이 나무를 국내에 도입하자마자 심은 덕분에 이곳 독일가문비는 국내 독일가문비 중에서도 나이가 가장 많다. 그 나이가 80~90세에 이른다. 그러나 국내 최고령 독일가문비를 만나려면 상당한 인내가 필요하다. 이곳 독일가문비는 휴양림 아주 깊숙한 곳에 살기 때문이다. 어렵게 만나는 만큼 감동은 더욱 깊어진다.

덕유산 자연휴양림은 입구부터 길이 좁아서 무척 아름다웠다. 휴양림 입구로 들어가면 작은 다리가 나온다. 덕유산의 물살을 볼 수 있어서 초입부터 마음이 넉넉해졌다. 계곡을 끼고 휴양림으로 발걸음을 옮기자마자 성스러운 자작나무를 만났다. 하얀 피부를 가진 자작나무는 볼수록 아름다웠지만, 다른 자작나무 한 그루는 줄기에 상처를 입어 속이 훤했다. 그 모습을 보노라니 내 가슴도 시렸지만 그런 계기로 얄궂게도 이 나무속을 볼 수 있었다. 자작나무 속을 보니 심재는 썩어서 단단했다. 변재도 껍질이 벗겨져서 이 나무는 앞으로 힘든 삶을 살아야 하겠지만 그래도 거뜬히 살아남을 것이다. 나무는 어느 곳이 썩었다고 해서 금방 죽을 만큼 허약하지 않기 때문이다. 산 이쪽저쪽에서 잣나무가 푸른 기상을 뽐냈다.

숲 초입에는 1904년쯤 도입한 소나뭇과의 일본잎갈나무가 우

덕유산 독일가문비숲 국내 최고령 독일가문비를 만나려면 상당한 인내가 필요하다. 이곳 독일가문비는 휴양림 아주 깊숙한 곳에 살기 때문이다. 어렵게 만나는 만큼 감동은 더욱 깊어진다.

뚝 서 있다. 일본잎갈나무는 소나무보다 성장속도가 빨라서 녹화에 아주 적합하지만 잎이 떨어지는 게 특징이다. 그래서 가을에는 일본 잎갈나무에서 떨어진 노란 잎이 황금 들녘을 연상케 한다. 키가 아주 커서 일본잎갈나무가 마치 산책로의 병풍처럼 서 있었다. 햇살이 닿 으니 일본잎갈나무 잎이 빛났다.

초입에서 조금 걷다가 숨을 돌리고 나면 폭이 거의 같은 길이 계 속 이어진다. 이제는 굽이굽이 인생처럼 느긋하게 나무와 풀과 바람 을 벗삼아 즐기면 그만이다. 길은 완만해서 불안해할 필요도 없고 옆 길로 빠져나갈 위험도 없다. 오른편에 경사진 곳이 간혹 있지만 나무 들이 지켜주니 걱정할 것 없다. 산책길은 인생처럼 외길이다. 불볕더 위에도 산들바람 덕분에 시원하기만 했다.

숲이 울창하면 나무들의 경쟁도 치열한 법이다. 굴참나무를 비 롯한 큰키나무들은 아래쪽 가지를 모두 잘라버리고 위로 향했다. 빛 을 얻기 위한 몸부림이 얼마나 치열한지 느껴졌다. 평온한 산책길이 라도 한참 걷다보면 힘이 빠지고 배도 고파온다. 이즈음 장미과의 국 수나무를 만나니 잠시나마 허기를 면할 것 같았다. 가지가 국수 면발 처럼 생겨서 국수나무라 하는데 국수나무 가지에 얹힌 하얀 꽃은 계 란 흰자 고명이라고 해도 될 정도였다.

산책길에서 바람에 날리는 나뭇잎을 바라보다보니 마음이 한층 충만해졌다. 바람에 뒤집히는 나뭇잎을 보니 평소에 느끼지 못했던 묘한 감정이 솟아올라왔다. 바람에 흔들리는 나뭇잎은 잔잔한 내 마

일본 잎갈나무 키가 아주 큰 일본잎갈나무가 마치 산책로의 병풍처럼 서 있었다. 햇살이 닿으니 일본 잎갈나무 잎이 빛났다.

음을 흔들어놓았다. 평생 한곳에서 살아가는 나무는 바람을 맞고 몸을 흔들 수 있기 때문이다.

가는 길에 잘린 일본잎갈나무를 만났다. 색깔을 보니 잘린 지 그렇게 오래되지 않았다. 무슨 사연인지 모르지만 나이테를 세어보니 일본잎갈나무는 서른 살 남짓한 나이에 생을 마감했다. 나이테를 꼼꼼하게 살펴보니 유년시절은 아주 편했다. 세 살 시절에 있는 옹이로 봐서는 상당한 시련도 잠깐 있었다. 유년 이후로는 삶이 고단했다. 여섯 살 시절에 있는 옹이로 보아 이때는 큰 홍역을 치렀다. 나이테를 봤을 때 폭이 넓을수록 좋은 시절이고 그렇지 않을수록 고단한 시절이다. 산책로 막바지에 도착하니 아주 키가 큰 일본잎갈나무가 나를 반겼다. 인사를 하고 나무를 한번 안아보니 엄마 품처럼 포근했다. 두 팔을 힘껏 벌려도 손이 닿지 않을 만큼 큰 나무를 안으니 가슴이 벅차올라왔다.

아름다운 만남 드디어 독일가문비숲에 도착해서 가장 먼저 만난 것은 독일가문비 열매였다. 땅에 떨어진 열매를 주워서 살펴보니 정말 껍질이 정교했다. 엇결로 겹겹이 쌓아올린 긴 열매는 정교하게 쌓아올린 탑과 같았다. 세어보니 열매는 23층 껍질로 이루어져 있었다. 독일가문비는 23층짜리 열매를 수없이 달고 있는 셈이다. 열매 모양은 기본적으로

잎갈나무의 나이테 나이테를 보면 폭이 넓을수록 좋은 시절이고 그렇지 않을수록 고단한 시절임을 알 수 있다.

소나무 열매를 닮았으며 길쭉한 껍질은 뱀허물이나 거북 등처럼 아주 독특했다.

숲에서는 하늘로 높이 솟은 나무들이 나른하게 오후를 보내고 있었다. 고개를 들어도 전부 볼 수 없을 만큼 큰 키를 자랑하는 나무 중에는 경사 때문에 몸이 조금 기운 것도 있지만 대개는 하나같이 곧았다. 곧은 모습이 독일가문비의 특징이다. 나는 고개가 아플 때까지 나무를 올려다봤다.

전라남도 구례 산수유마을
산수유꽃에 안긴 마을

산둥 아가씨와 계척마을　　전라남도 구례군 산동면 계척마을
　　　　　　　　　　　　　　에는 한 가지 이야기가 전해내려
온다. 중국 산둥에 살던 처녀가 이곳으로 시집오면서 고향의 산수유
를 가져왔고 '산동'이란 지명도 그래서 붙여졌다는 것이다. 산둥 처녀
는 왜 하필 산수유를 가져왔을까. 어쩌면 산수유가 시집살이에 꼭 필
요한 나무였기 때문일지도 모른다. 계척마을에 처음 심은 산수유가
천 년 전 시집온 산둥 처녀와 같은 천 살은 아닐 테지만 이곳 사람들
은 그만큼 신령스러운 나무가 천 살이라고 믿는다. 계척마을은 이른
바 산수유 시목지始木地이고, 전라남도는 2013년에 이 마을 일대를 중
요농어업유산 제1호로 지정했다.

산수유꽃이 가득 핀 마을

사람들이 산수유를 만나러 가는 시기는 대체로 꽃이 피는 2월 말부터 4월 초, 그리고 열매가 익어가는 11월경이다. 농촌 마을은 되도록 천천히 지나가야 한다. 그러지 않으면 곳곳에 숨어 있는 명소를 놓치기 쉽다. 계척마을로 가는 길도 마찬가지다. 우선 구례성당 산동공소에 잠깐 들르니 입구에서 아주 멋진 소나무와 팽나무를 만났다. 숲속 건너편 마을을 바라보니 마을 전체가 노란 산수유꽃에 안긴 모습이었다.

송만갑 선생이 득음한 수락폭포

'구례십경求禮十景' 중 하나인 수락폭포는 여름철 명소이지만 봄에 찾았을 때도 아름다웠다. 사람들은 가파른 언덕에서 떨어지는 힘찬 폭포의 모습에 감탄한다. 높이 15미터쯤 되는 수락폭포 왼쪽에는 계단이 있어서 가까이서 폭포를 볼 수 있다. 폭포 위쪽에는 신선들이 모여 바둑을 뒀다는 신선대가 있고, 폭포 앞에는 아들을 낳지 못한 부녀들이 치마에 돌을 쌓아 빌었다는 할미암이 있다.

수락폭포는 동편제 판소리 명창인 송만갑 선생이 득음한 곳이다. 폭포를 따라 올라가는 동안 물소리 때문에 세상 어떤 소리도 들을 수 없었다. 송만갑 명창도 폭포 물소리에 의지해 자신의 소리를 들으면서 득음했을 것이다. 그러나 득음을 꿈꾸는 사람들이 폭포를

수락폭포

찾는 이유는 단지 물소리에 의지해서 피를 토하며 목을 틔우기 위해서만은 아니다. 정신을 집중해 내면의 소리를 듣고 싶어서 폭포를 찾는 것이다. 폭포의 장관 중 하나는 웅장한 물소리와 함께 만들어지는 포말이다. 사람들은 사방으로 튀어나가는 물방울을 보면서 마음의 먼지를 걷어낸다. 한국의 폭포를 더욱 아름답게 만드는 것은 바위 주변에 사는 소나무들이다. 사람들은 아주 척박한 바위틈에서 살아가는 소나무를 보면서 강인한 정신을 고취한다.

별로 피어난 산수유꽃

산수유山茱萸는 산에 사는 수유라는 뜻이다. 수유의 '수茱'는 붉을 '주朱' 자가 들어 있는 것에서 짐작할 수 있듯이 '붉은 열매'를 뜻한다. 산수유는 우리나라에서 생강나무 다음으로 꽃이 일찍 피는 나무다. 이른 봄에 꽃이 피는 나무는 대부분 잎보다 꽃이 먼저 핀다. 산수유를 비롯해 생강나무, 매실나무, 벚나무 등은 모두 꽃이 잎보다 먼저 핀다. 꽃을 먼저 피우는 이유는 열매를 빨리 맺어서 후손을 낳기 위해서이지만, 산수유는 매실나무나 벚나무와 달리 열매가 아주 늦게 익는다. 그래서 이른 봄부터 늦가을까지 거의 1년간 기다려야만 꽃이 피고 열매가 익어가는 산수유의 모습을 모두 볼 수 있다. 산동 사람들 역시 산수유로 생계를 유지하려면 1년 동안 기다려야 한다.

산동에서 산수유가 가장 많이 사는 곳은 지리산 만복대 기슭에 자리잡은 상위마을이다. 이곳에 산수유를 많이 심은 이유는 산기슭이라서 다른 작물로는 생계를 유지하기 쉽지 않기 때문이다. 만복대 산자락에서 부드럽게 곡선을 그리며 흘러내리는 다랑논, 마을 한가운데를 흐르는 개울, 야트막한 돌담은 산수유 재배에 적합하다. 이 마을에는 농토가 거의 없어서 마을 사람들이 산수유를 심기 전까지는 경제 사정이 아주 좋지 않았다. 하지만 약재로도 쓰이는 산수유를 재배하면서 경제 사정이 크게 개선됐다. 이곳에서 생산하는 산수유 열매는 전국 산수유 열매의 60퍼센트 이상을 차지한다.

산수유는 멀리서 볼 때와 가까이서 볼 때의 모습이 사뭇 다르다. 특히 꽃을 제대로 보려면 가까이서 아주 자세히 봐야 한다. 작은 타원형 꽃봉오리 안에서 꽃이 나오는 모습은 마치 노란 병아리가 알에서 깨어나는 것과 비슷하다. 봉오리에서 꽃이 피어나면 노란 꽃 20~30개가 둥글게 모여서 마치 노란 별처럼 보인다. 나무 전체를 덮은 이런 모습에 반하지 않을 사람이 어디 있겠는가. 더욱이 가을에 나무 전체가 노란색에서 붉은색으로 변하는 모습은 다른 나무에서 찾아보기 힘들다. 그만큼 산수유는 화려하면서도 정열적인 나무다.

산동 산수유는 대부분 산기슭에 살기에 바위틈에서 살아가는 산수유도 많다. 바위틈에 있는 산수유는 다른 곳에 사는 나무들보다 훨씬 돋보였다. 밭에 사는 나무들은 공동체를 이루지만, 바위틈에 자리잡은 나무는 대부분 혼자 살거나 두 그루씩만 살아서 삶의 터전에 여유가 있다. 그래서 바위틈에 사는 산수유는 가지를 마음껏 뻗어서는

활짝 핀 꽃을 드리워 주변 땅까지 꽃 그림자로 감싸버린다.

산동은 아주 깨끗한 곳이라서 도랑에서 도롱뇽을 보기 어렵지 않다. 산수유꽃이 만개했을 때 도랑에는 도롱뇽 알이 누워 있었다. 산수유 꽃향기를 맡으면서 세상에 태어나는 도롱뇽은 멋진 삶을 살아갈 것이다.

산수유꽃과 줄기 작은 타원형 꽃봉오리 안에서 꽃 이 나오는 모습은 마치 노란 병아리가 알에서 깨어 나는 것과 비슷하다.

265

마음의 소도

나는 마음을 소중하게 생각한다. 마음이 없다면 아름다운 숲도 진정으로 볼 수 없기 때문이다. 마음은 가치를 만들어낸다. 그래서 숲의 가치도 마음에서 결정된다. 마음에 숲을 만들려면 나무를 심어야 한다. 그러면 힘들고 지칠 때 언제든지 나무 아래서 쉴 수 있다. 나는 이같이 마음에 조성한 숲을 '마음의 소도蘇塗'라 부르고 싶다.

중국의 『후한서』와 『삼국지』에 따르면 소도는 기원 전후에서 기원후 4세기까지 삼한시대 마한, 변한, 진한의 제사 장소였다. 그런데 이 제사 장소에는 언제나 나무가 있었디. 그 나무는 다름 아닌 솟대, 즉 솟아오른 나무였다. 소도는 국법도 미치지 못할 만큼 신성한 장소였는데, 그 누구도 이곳으로 도망온 죄인을 잡아갈 수 없었다. 우리도 각자 마음에 소도를 만든다면 그 누구도 침범할 수 없는 신성한 공간을 가질 수 있다. 살다가 힘들면 이 소도에 들어가자. 소도에 드는 순간 온갖 고통이 사라질 것이다.

나는 마음의 숲을 학교에 만들었다. 학교에 살고 있는 나무 한 그루 한 그루를 세면서 마음에 모두 심었다. 그 숲은 내가 있는 곳과 가장 가깝기에 소중하다. 아무리 아름다운 숲이라 할지라도 먼 곳에 있어서 매일 찾아갈 수 없다면 그림의 떡일 뿐이다. 반대로 설령 조그마한 숲이어도 매일 찾아가 가치를 부여한다면, 세상에서 가장 소중한 숲을 조성할 수 있다.

요즘 많은 사람들이 숲을 찾는다. 그만큼 숲이 여가 생활에서 중요한 장소가 됐다는 의미일 것이다. 그래서인지 중앙정부는 물론 지방자치단체도 예외 없이 숲을 조성하는 데 팔을 걷어붙이고 있다. 그 덕분에 주민들이 살고 있는 곳곳에 근린공원이 생기고, 크고 작은 수목원도 적잖이 조성되고 있다. 이러한 현상은 아주 바람직하다. 하지만 아직 해결해야 할 과제도 많다. 무엇보다도 숲의 가치에 대한 이해가 부족한 점이 아쉽다. 숲은 사람처럼 생명을 지닌, 나무들의 공동체다. 이런 공동체에는 여러 종류의 나무가 동거한다. 그러나 숲을 찾는 사람들은 아직까지도 숲이 사람만의 공간이라고 착각한다. 오히려 숲은 나무들의 공간이다. 그런데도 어떤 사람들은 숲에서 온갖 행위를 서슴지 않는다. 심지어 숲 해설가가 숲을 안내하면서 함부로 나무를 꺾는 경우도 있다.

사람이 나무를 함부로 다루는 이유는 인간이 나무와 어떤 관계에 있는지를 이해하지 못하기 때문이다. 나무는 인간을 위해서 존재하지 않는다. 마찬가지로 인간도 나무를 위해서 존재하지 않는다. 그러나 인간은 나무 없이는 살 수 없지만, 나무는 인간 없이도 살 수 있다. 인간이 나무를 정확하게 이해하려면 숲을 학습의 장으로 파악할 필요가 있다. 그러나 현재 한국의 공원이나 수목원은 숲을 학습의 장으로 인식하게 할 만한 조건을 갖추고 있지 않다. 대부분의 사람들이 단체로 숲을 찾아가 좀 걷다가 돌아가는 방식에 머물고 있다.

나는 숲을 배울 수 있는 공간으로 만들기 위해 가장 먼저 할 일이 '나무 이름표 달기'라고 생각한다. 그러나 한국의 공원이나 식물원 혹은 수목원에서는 이름표를 보기 힘들 뿐 아니라 이름표가 있더라도 문제가 많다. 나무에 대한 중요한 정보가 바로 이름에 있기에 나무 이름표는 중요하다. 그런데 나무 이름표에 넣어서는 안 되는 정보도 있다. 그것은 다름 아닌 약효다. 하지만 한국 수목원과 식물원의 나무 이름표에는 약효 정보가 들어 있다. 식물을 식물이 지닌 약효로 파악하는 시각은 본초학本草學에 근거한다. 본초학은 중국 고대와 봉건시대에 성행한 식물 분류법이다. 그러나 식물원과 수목원은 근대 이후의 산물이다. 근대적 사유에 따라 숲을 생명의 공간으로 바라보고 수목원과 식물원을 학습이 장으로 인식해야 한다.

대학 캠퍼스는 숲을 학습의 장으로 삼기에 아주 적합하다. 내가 캠퍼스에 주목하는 이유는 사람들이 가장 많이 거주하는 도심에 대학이 자리잡고 있기 때문이다. 많은 사람이 숲을 찾아 멀리 떠나지 않고 도심에 있는 대학이나 공원 숲을 찾아서 즐긴다면 이것만큼 손쉬운 방법도 드물 것이다. 그러나 아직 우리나라에는 캠퍼스의 숲을 학습의 장으로 삼고 활용하는 경우가 별로 없다. 우리나라 대학의 역사가 길지는 않지만 대부분의 캠퍼스에서 인간이 즐길 수 있는 최소한의 여건을 갖춘 숲을 만날 수 있다. 그러나 나무에 이름표를 단 경우는 매우 드물고, 설령 달았더라도 식물원이나 수목원에서 하는 방식과 크게 다르지 않다.

나는 나무 이름표를 반드시 인문학적 관점에서 만들어야 한다고 생각한다. 그래야만 사람들이 나무를 생명체로 인식하고, 나무를 통해 문학과 철학을 만나고, 나무에 대한 무한한 상상력을 발휘할 수 있다. 그래서 나는 대구 시내의 공원 네 곳에 있는 나무들에 인문학적 관점에서 만든 이름표를 달았다. 내가 단 이름표에는 당연히 약효 정보가 없고 그 대신 이름의 의미, 상상력을 키워주는 신화, 관련 시 등이 들어 있다. 이런 식의 이름표가 대학 캠퍼스에 있는 나무에도 달려야 한다. 그러면 학교에서 생활하는 사람들, 학교를 찾는 사람들이 나무를 훨씬 더 깊이 이해할 수 있지 않을까.

이제 책을 덮고 숲으로 갈 차례다. 가서 나무 이름을 나지막이 불러보자. 마음의 소도가 거기 있다.

참고문헌

강판권, 『최치원, 젓나무로 다시 태어나다』, 계명대학교출판부, 2008.

_____, 『역사와 문화로 읽는 나무사전』, 글항아리, 2010.

_____, 『조선을 구한 신목, 소나무』, 문학동네, 2013.

_____, 『선비가 사랑한 나무』, 한겨레출판, 2014.

고규홍, 『이 땅의 큰 나무』, 눌와, 2003.

_____, 『절집나무』, 들녘, 2004.

김종원·강판권 외, 『마을숲과 참살이』, 계명대학교출판부, 2007.

로베르 뒤마, 『나무의 철학』, 송혁석 옮김, 동문선, 2004.

로저 디킨, 『나무가 숲으로 가는 길』, 박중서 옮김, 까치, 2011.

마이클 조던, 『욕망의 식물학』, 이창신 옮김, 서울문화사. 2002.

마크 엘빈, 『코끼리의 후퇴』, 정철웅 옮김, 사계절, 2011.

배재수, 「『조선임업사』를 넘어」, 『산림경제연구』 5-2, 1997.

생명의숲국민운동, 『조선의 임수』, 지오북, 2007.

애너 파보르드, 『2천년 식물 탐구의 역사』, 구계원 옮김, 글항아리, 2011.

위안커, 『중국신화사』 상, 김선자·이유진·홍윤희 옮김, 웅진지식하우스, 2010.

이상희, 『꽃으로 보는 한국문화』, 넥서스, 2004.

이어령 책임 편찬, 『매화』, 종이나라, 2003.

_____, 『소나무』, 종이나라, 2005.

_____, 『대나무』, 종이나라, 2006.

이우철, 『한국 식물명의 유래』, 일조각, 2005.

이유미, 『우리 나무 백가지』, 현암사, 2015.

_____, 『광릉 숲에서 보내는 편지』, 지오북, 2004.

이종찬, 『파리식물원에서 데지마박물관까지』, 해나무, 2009.

임준수 지음·류기성 사진, 『세상에서 가장 아름다운 수목원』, 김영사, 2004.

쟈크 브로스, 『나무의 신화』, 주향은 옮김, 이학사, 2007.

＿＿＿, 『식물의 역사와 신화』, 양영란 옮김, 갈라파고스, 2005.

『조선임업사』 상·하, 한국임정연구회 옮김, 산림청, 2000.

존 펄린, 『숲의 서사시』, 송명규 옮김, 따님, 2002.

차윤정·전승훈, 『신갈나무 투쟁기』, 지성사, 1999.

최영준, 『영남대로』, 고려대학교민족문화연구원, 2004.

카렌 암스트롱, 『축의 시대』, 정영목 옮김, 교양인, 2010.

토머스 파켄엄, 『세계의 나무』, 전영우 옮김, 넥서스, 2003.

토비 머스그레이브 외, 『식물 추적자』, 이창신 옮김, 넥서스, 2004.

숲과 상상력
나무 인문학자의 숲 산책
ⓒ강판권 2018

초판 인쇄 2018년 11월 20일
초판 발행 2018년 11월 30일

지은이 강판권 | 펴낸이 염현숙
책임편집 유지연 | 편집 구민정 | 디자인 강혜림
마케팅 정민호 이숙재 정현민 김도윤 안남영
홍보 김희숙 김상만 이천희 | 제작 강신은 김동욱 임현식
제작처 영신사

펴낸곳 (주)문학동네
출판등록 1993년 10월 22일 제406-2003-000045호
주소 10881 경기도 파주시 회동길 210
전자우편 editor@munhak.com | 대표전화 031) 955-8888 | 팩스 031) 955-8855
문의전화 031)955-3578(마케팅) 031)955-2690(편집)
문학동네카페 http://cafe.naver.com/mhdn | 트위터 @munhakdongne
북클럽문학동네 http://bookclubmunhak.com

ISBN 978-89-546-5364-0 03900

* 이 도서는 한국출판문화산업진흥원 2018년 우수출판콘텐츠 제작 지원 사업 선정작입니다.
* 이 책의 판권은 지은이와 문학동네에 있습니다.
  이 책 내용의 전부 또는 일부를 재사용하려면 반드시 양측의 서면 동의를 받아야 합니다.
* 이 도서의 국립중앙도서관 출판시도서목록(CIP)은 서지정보유통지원시스템 홈페이지
  (http://www.seoji.nl.go.kr)와 국가자료공동목록시스템(http://www.nl.go.kr/kolisnet)에서
  이용하실 수 있습니다. (CIP제어번호: CIP2018035519)

이 책은 친환경 종이로 제작했습니다.
(커버 문켄 폴라 100g | 표지 해초종이 아이보리 250g | 면지 두성 뉴칼라 128g | 내지 문켄 프린트크림18 90g)

www.munhak.com